KB252512

日本語初中級読解
슉슉슉해
일본어
UP
JLPT · EJU 대비
초급

Nihongo
Factory

최영철 · 김영훈 · 오카다 도모미 공저

속독속해 일본어 초급 UP

2011년 2월 25일 초판 1쇄 인쇄
2011년 3월 01일 초판 1쇄 발행

지은이 | 최영철, 김영훈, 오카다 도모미
펴낸이 | 이종춘
펴낸곳 | 니혼고팩토리 (성안당)
주   소 | 경기도 파주시 교하읍 문발리 출판문화정보산업단지 536-3
전   화 | 031-955-0511
팩   스 | 031-955-0510
등   록 | 1973. 2. 1. 제13-12호
홈페이지 | www.langfac.com/www.cyber.co.kr
수신자부담 전화 | 080-544-0511
내용문의 | 02-3142-0037

ISBN 978-89-315-1771-2 13730
정가 15,000원

이 책을 만든 사람들
기획 총괄 | 조병희
책임편집 | 정지용
표지, 본문디자인 | 박정현
일러스트 | 오미영

머리말

    저희 필자들은 교재를 '알기 쉽고 재미있는 내용으로 구성하자'라는 생각으로 집필을 시작하였습니다. 수많은 일본어 교재가 나와 있지만, 내용이 너무 오래되거나 무미건조해 학습자가 지속적으로 흥미를 유지하며 학습하기에는 무리가 따르는 것이 많았습니다.

    본 교재는 최근 일본에서 쓰여진 up-to-date적인 수필이나 블로그 등을 채택하여 학습자가 즐겁게 학습할 수 있도록 연구하였습니다. 아울러 일본어능력시험이나 일본유학시험(EJU) 등 각종 시험에도 대비할 수 있는 초중급~상급 전반 강독용 교재로서 독해, 어휘, 문법, 문형(기능어) 및 작문력을 높이기 위한 종합적인 내용으로 구성하였습니다. 특히 중요 표현에서는 본문에 나오는 기능어를 자세히 해설하여 이해를 돕고, 이와 관련된 유사 표현을 비교, 정리하여 표현 간의 뉘앙스 차이를 익히며 다양한 예문을 통해 표현력을 높일 수 있게 하였습니다.

    본 교재는 일본어를 3개월 정도 공부한 학습자들도 쉽게 접근할 수 있도록 1과와 2과는 문형 및 연습문제의 레벨을 일본어능력시험 N4수준용으로 조금 쉽게 설정하였습니다.

    각 과마다 독해용 연습문제를 두어 다양한 문법 및 표현을 연습할 수 있도록 하였습니다.

    본 교재는 N4~N3용 강독교재로 개발한 것이지만, 본문을 중심으로 회화수업에 사용해도 무난하다고 생각합니다. 따라서 본 교재를 마스터하면 N4~N3 시험 합격에 큰 도움이 될 것이라고 확신합니다.

    끝으로 이 교재가 나오기까지는 여러 선생님들의 격려, 조언이 커다란 힘이 되었습니다. 특히 중앙대학교 어린이 일본어 교사과정 교수진과 예비교사 여러분들, 그리고 니혼고팩토리 관계자 여러분께 감사 말씀드립니다. 동시에, 본 교재가 크나큰 미래를 향해 가는 학습자 여러분에게 많은 도움이 되기를 바랍니다.

필자 일동

'속독속해 일본어 초급 UP'은 총 12과로 구성되어 있으며 쉽고 재미있는 지문을 통해서 학습자의 독해실력을 향상시킬 수 있도록 한 책입니다.

❶ 본문

일본에 대한 정보와 문화를 엿볼 수 있는 글들로 각 과의 본문을 구성하였습니다. 본문에서 학습할 문형을 빨간 색자로 표시하였습니다.

❷ 본문 내용 확인 문제

본문 내용 이해 여부를 확인하기 위한 질문들로 이루어진 코너입니다. 질문에 대한 답을 생각하는 중에 자연스럽게 일본어 문장 작성 실력이 향상 될 것입니다.

❸ 알짜 어구

본문에서 나온 단어들과 관용적인 표현들을 다뤘습니다.

❹ 알짜 문형

학습해야 할 문형에 대한 설명과 예문을 통하여 문형의 사용 방법을 공부할 수 있습니다.
독해 실력뿐만 아니라 작문 실력과 말하기 실력 향상을 위해 반드시 알아야 하는 것이므로 꼭! 꼭! 암기하세요.

❺ 실력 뽐내기

자신의 실력이 얼마나 향상되었는지 확인해 보는 코너입니다. 긴장하지 마시고 공부한 대로!!

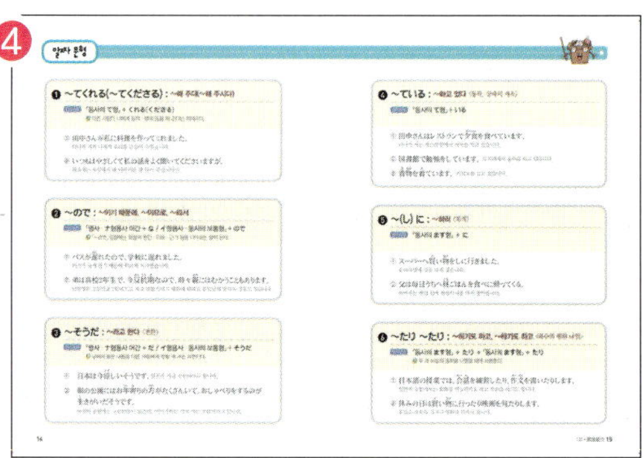

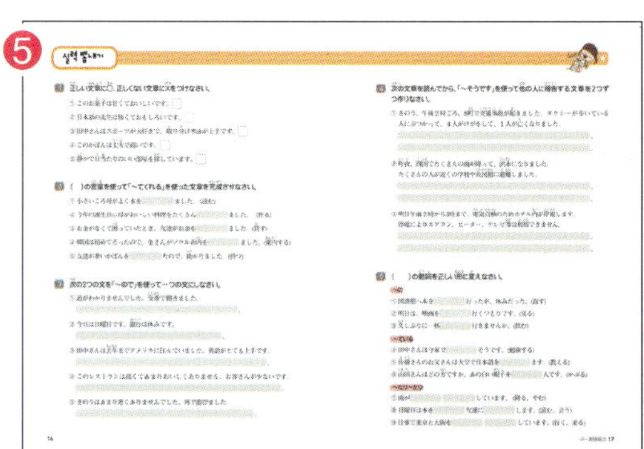

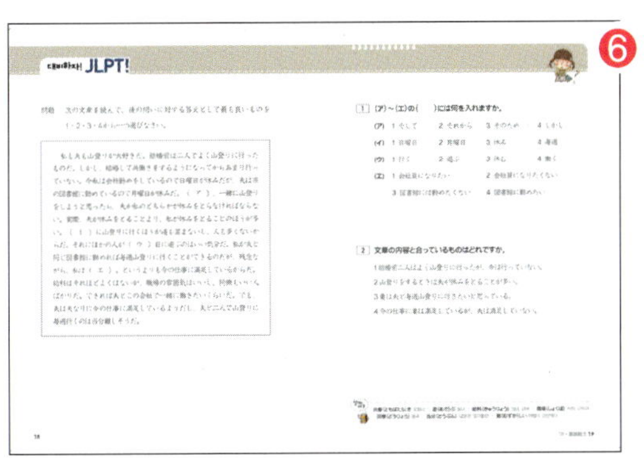

❻ 대비하자! JLPT !

실전에 임하는 마음가짐으로 풀어보세요.

❼ 쏙쏙 문법 교실

다시 한 번 집고 넘어가야 하는 문법들을 다루었습니다. 100% 확실히 이해하고 넘어간다면, 어떠한 일본어 문장을 보더라도 그 속에 담긴 진짜 의미를 알아낼 수 있을 것입니다.

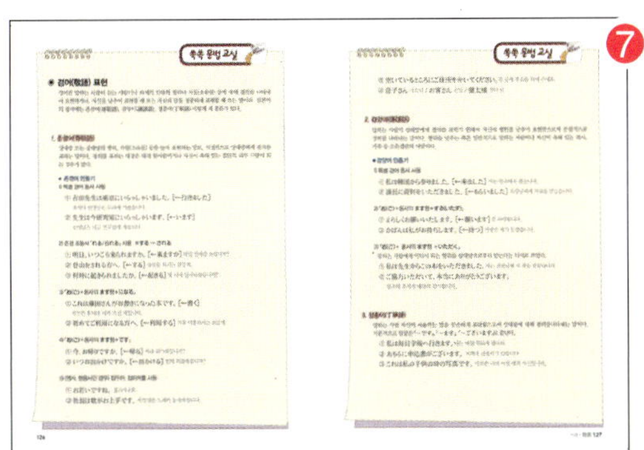

❽ 부록

해석, 문제 정답과 E-Book CD 사용법이 수록되어 있습니다.

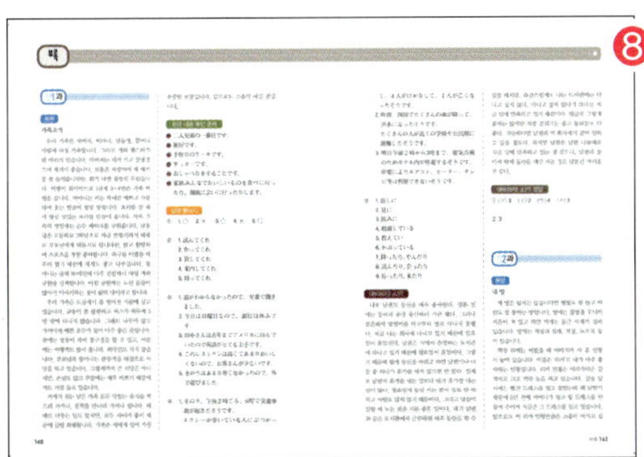

· mp3 무료 다운로드

생생한 원어민의 발음으로 녹음된 본문의 내용을 니혼고팩토리 홈페이지(www.langfac.com) 자료실에서 무료로 다운로드 할 수 있습니다. 원어민의 발음을 따라서 반복해서 연습해 보세요. 일본어 표현들이 입에 붙을 것입니다.

· 보이스 E-Book CD

책 내용이 고스란히 담긴 보이스 E-Book CD 1장을 부록으로 제공합니다. 컴퓨터가 있는 곳에서는 어디서든 본 책의 내용을 원어민의 음성을 들으면서 공부할 수 있습니다.

목차

家族紹介

ポイント

1. ～てくれる
2. ～ので
3. ～そうだ
4. ～ている
5. ～(し) に
6. ～たり ～たり

　私の家族は父、母、弟、祖母の5人家族です。それから犬とハムスターが1匹ずついます。父は背が高くてハンサムで、がっしりしています。いつもはやさしくて私の話をよく聞いてくれますが、怒るととても怖いです。旅行が趣味なので、年に3〜4回は家族旅行をします。母は背は低いですが、きれいで物静かで笑顔がとても素敵です。料理がとても上手で、いつもおいしい料理を作ってくれます。特に家族の誕生日には、手作りのケーキを焼いてくれます。弟は高校2年生で、今反抗期なので、時々親にはむかうこともありますが、明るくて活発で、スポーツが大好きです。サッカーを小さいときからやっていたので、体格もよく、がっしりしています。祖母は今、80歳ですが、とても元気で、毎朝犬と公園を散歩しています。朝の公園にはお年寄りの方がたくさんいて、おしゃべりをするのが生きがいだそうです。

祖母(そぼ) 할머니 ｜ ハムスター 햄스터 ｜ 〜ずつ 〜씩 ｜ がっしり 튼튼하고 다부진 모양 ｜ 物静(ものしず)か 조용함, 차분함, 침착함 ｜ 素敵(すてき) 매우 근사함, 아주 멋짐 ｜ 手作(てづく)り 손수 만듦, 또는 손수 만든 것 ｜ 焼(や)く 태우다, 굽다, (사진을) 인화하다, 질투하다 ｜ 反抗期(はんこうき) 반항기 ｜ はむかう 맞서다, 거역하다 ｜ お年(とし)寄(よ)り 노인 ｜ おしゃべり 수다 ｜ 生(い)きがい 사는 보람 ｜ 都心(としん) 도심, 도심지 ｜ いなか 시골, 고향(도시에서 태어나 자란 경우는 쓰지 않음) ｜ 豊(ゆた)か 풍족함, 풍부함, 여유가 있음 ｜ 湖(みずうみ) 호수 ｜ お花見(はなみ) 꽃구경, 꽃놀이 ｜ 観光客(かんこうきゃく) 관광객 ｜ 手伝(てつだ)う (남의 일을) 도와 주다, 거들다 ｜ 親戚(しんせき) 친척 ｜ 仲(なか)がいい 사이가 좋다 ｜ 仲直(なかなお)り 화해 ｜ 宝物(たからもの) 보물

　私たち家族は、都心から少し離れたいなかに住んでいます。交通が少し不便でバスが1日に5回しか通りません。でも緑が豊かで、近くにきれいな湖があってとてもいいところです。春には桜の花が咲いて、お花見ができるし、夏には旅行客もたくさん来ます。外国人も少なくありません。両親と祖母は観光客を対象に食堂をしています。あまり大きい食堂ではありませんが、お客さんも多く、週末はとても忙しいので、私も時々手伝っています。

　お店が休みの日は家族みんなでおいしいものを食べに行ったり、親戚に会いに行ったりします。時々けんかをすることもありますが、みんな仲がいいのですぐ仲直りします。家族は私にとって一番大切な宝物です。これからも大切にしていきたいです。

❶ 作者は何人兄弟の何番目ですか。

❷ お父さんの趣味は何ですか。

❸ お母さんは誕生日に何を作ってくれますか。

❹ 弟はどんなスポーツが得意ですか。

❺ おばあさんの生きがいは何ですか。

❻ 休みの日には何をしますか。

❶ 〜てくれる(〜てくださる) : 〜해 주다(〜해 주시다)

접속방법 「동사의 て형」+ くれる(くださる)
- 다른 사람이 나에게 동작·행위 등을 해 준다는 의미이다.

① 田中さんが私に料理を作ってくれました。
다나카 씨가 나에게 요리를 만들어 주었습니다.

② いつもはやさしくて私の話をよく聞いてくださいますが。
평소에는 자상해서 내 이야기를 잘 들어 주십니다만.

❷ 〜ので : 〜이기 때문에, 〜이므로, 〜라서

접속방법 「명사·ナ형용사 어간 + な / イ형용사·동사의 보통형」+ ので
- 「〜ので」 앞절에는 뒷절의 원인·이유·근거 등을 나타내는 말이 온다.

① バスが遅れたので、学校に遅れました。
버스가 늦게 왔기 때문에 학교에 지각했습니다.

② 弟は高校2年生で、今反抗期なので、時々親にはむかうこともあります。
남동생은 고등학교 2학년으로 지금 반항기이기 때문에 때때로 부모님께 맞서는 경우도 있습니다.

❸ 〜そうだ : 〜라고 한다 〈전문〉

접속방법 「명사·ナ형용사 어간 + だ / イ형용사·동사의 보통형」+ そうだ
- 남에게 들은 내용을 다른 사람에게 전할 때 쓰는 표현이다.

① 日本は今涼しいそうです。 일본은 지금 선선하다고 합니다.

② 朝の公園にはお年寄りの方がたくさんいて、おしゃべりをするのが
生きがいだそうです。
아침의 공원에는 노인분들이 많은데, 이야기하는 것이 사는 보람이라고 합니다.

❹ 〜ている : 〜하고 있다 〈동작, 상태의 계속〉

접속방법 「동사의 て형」+ いる

① 田中さんはレストランで夕食を食べています。
다나카 씨는 레스토랑에서 저녁을 먹고 있습니다.

② 図書館で勉強をしています。 도서관에서 공부를 하고 있습니다.

③ 着物を着ています。 기모노를 입고 있습니다.

❺ 〜(し) に : 〜하러 〈목적〉

접속방법 「동사의 ます형」+ に

① スーパーへ買い物をしに行きました。
슈퍼마켓에 장을 보러 갔습니다.

② 父は毎日うちへ昼ごはんを食べに帰ってくる。
아버지는 매일 집에 점심식사를 하러 돌아온다.

❻ 〜たり 〜たり : 〜하기도 하고, 〜하기도 하고 〈복수의 행위 나열〉

접속방법 「동사의 ます형」+ たり + 「동사의 ます형」+ たり
➡ 두 개 이상의 동작을 나열할 때에 사용한다.

① 日本語の授業では、会話を練習したり、作文を書いたりします。
일본어 수업에서는 회화를 연습하기도 하고 작문을 하기도 합니다.

② 休みの日は買い物に行ったり映画を見たりします。
휴일은 쇼핑을 가거나 영화를 보거나 합니다.

1 正しい文章に○、正しくない文章にXをつけなさい。

① このお菓子は甘くておいしいです。　☐

② 日本語の先生は怖くておもしろいです。　☐

③ 田中さんはスポーツが大好きで、取り分け水泳が上手です。　☐

④ このかばんは丈夫で高いです。　☐

⑤ 静かで日当たりのいい部屋を探しています。　☐

2 （　）の言葉を使って「〜てくれる」を使った文章を完成させなさい。

① 小さいころ母がよく本を　　　　　　ました。（読む）

② 今年の誕生日に母がおいしい料理をたくさん　　　　　　ました。（作る）

③ お金がなくて困っていたとき、友達がお金を　　　　　　ました。（貸す）

④ 韓国は初めてだったので、金さんがソウル市内を　　　　　　ました。（案内する）

⑤ 友達が重いかばんを　　　　　　たので、助かりました。（持つ）

3 次の2つの文を「〜ので」を使って一つの文にしなさい。

① 道がわかりませんでした。交番で聞きました。

　　　　　　　　　　　　　　　　　　　　　　　　。

② 今日は日曜日です。銀行は休みです。

　　　　　　　　　　　　　　　　　　　　　　　　。

③ 田中さんは去年までアメリカに住んでいました。英語がとても上手です。

　　　　　　　　　　　　　　　　　　　　　　　　。

④ このレストランは高くてあまりおいしくありません。お客さんが少ないです。

　　　　　　　　　　　　　　　　　　　　　　　　。

⑤ きのうはあまり寒くありませんでした。外で遊びました。

　　　　　　　　　　　　　　　　　　　　　　　　。

4 次の文章を読んでから、「〜そうです」を使って他の人に報告する文章を2つずつ作りなさい。

① きのう、午後2時ごろ、S町で交通事故が起きました。タクシーが歩いている人にぶつかって、4人がけがをして、1人が亡くなりました。

　　　　　　　　　　　　　　　　　　　　　　　　　　　　　　　　　　　。

　　　　　　　　　　　　　　　　　　　　　　　　　　　　　　　　　　　。

② 昨夜、四国でたくさんの雨が降って、洪水になりました。たくさんの人が近くの学校や公民館に避難しました。

　　　　　　　　　　　　　　　　　　　　　　　　　　　　　　　　　　　。

　　　　　　　　　　　　　　　　　　　　　　　　　　　　　　　　　　　。

③ 明日午前2時から3時まで、電気点検のためホテル内が停電します。停電によりエアコン、ヒーター、テレビ等は利用できません。

　　　　　　　　　　　　　　　　　　　　　　　　　　　　　　　　　　　。

　　　　　　　　　　　　　　　　　　　　　　　　　　　　　　　　　　　。

5 （　　　）の動詞を正しい形に変えなさい。

〜に

① 図書館へ本を　　　　　　　行ったが、休みだった。(返す)

② 明日は、映画を　　　　　　　行くつもりです。(見る)

③ 久しぶりに一杯　　　　　　　行きませんか。(飲む)

〜ている

④ 田中さんは今家で　　　　　　　そうです。(勉強する)

⑤ 佐藤さんのお父さんは大学で日本語を　　　　　　　ます。(教える)

⑥ 山田さんはどの方ですか。あの白い帽子を　　　　　　　人です。(かぶる)

〜たり〜たり

⑦ 雨が　　　　　　　　　　　　　　しています。(降る、やむ)

⑧ 日曜日は本を　　　　　　　友達に　　　　　　　します。(読む、会う)

⑨ 仕事で東京と大阪を　　　　　　　　　　　　しています。(行く、来る)

問題　次の文章を読んで、後の問いに対する答えとして最も良いものを
　　　1・2・3・4から一つ選びなさい。

　　私も夫も山登りが大好きだ。結婚前は二人でよく山登りに行った
ものだ。しかし、結婚して共働きをするようになってからあまり行っ
ていない。今私は会社勤めをしているので日曜日が休みだが、夫は市
の図書館に勤めているので月曜日が休みだ。（　ア　）、一緒に山登り
をしようと思ったら、夫か私のどちらかが休みをとらなければならな
い。実際、夫が休みをとることより、私が休みをとることのほうが多
い。（　イ　）に山登りに行くほうが道も混まないし、人も多くないか
らだ。それにほかの人が（　ウ　）日に遊ぶのはいい気分だ。私が夫と
同じ図書館に勤めれば毎週山登りに行くことができるのだが、残念な
がら、私は（　エ　）。というよりも今の仕事に満足しているからだ。
給料はそれほどよくはないが、職場の雰囲気はいいし、同僚もいい人
ばかりだ。できれば夫とこの会社で一緒に働きたいくらいだ。でも、
夫は夫なりに今の仕事に満足しているようだし、夫と二人で山登りに
毎週行くのは当分難しそうだ。

1 （ア）〜（エ）の（　　）には何を入れますか。

（ア）　1 そして　　　2 それから　　　3 そのため　　　4 しかし

（イ）　1 日曜日　　　2 月曜日　　　3 休み　　　4 毎週

（ウ）　1 行く　　　2 遊ぶ　　　3 休む　　　4 働く

（エ）　1 会社員になりたい　　　　2 会社員になりたくない

　　　3 図書館には勤めたくない　　　4 図書館に勤めたい

2 文章の内容と合っているものはどれですか。

1 結婚前二人はよく山登りに行ったが、今は行っていない。

2 山登りをするときは夫が休みをとることが多い。

3 妻は夫と毎週山登りに行きたいと思っている。

4 今の仕事に妻は満足しているが、夫は満足していない。

共働（ともばたら）き 맞벌이　|　**遊（あそ）ぶ** 놀다　|　**給料（きゅうりょう）** 임금, 급여　|　**職場（しょくば）** 직장, 근무처
|　**同僚（どうりょう）** 동료　|　**当分（とうぶん）** 당분간, 얼마동안　|　**難（むずか）しい** 어렵다, 곤란하다

❶ ～ものだ : ～했었다〈회상〉, ～하군〈감동〉, ～법이다〈당연, 충고〉

접속방법　「동사의 보통형」＋ものだ

① 子供の時、あの川でよく遊んだものだ。
어렸을 때, 저 강에서 자주 놀았었지.

② 一流大学に合格するなんてたいしたものだ。
일류대학에 합격하다니 대단하군.

③ 他人の部屋に入るときはノックをするものだ。
타인의 방에 들어갈 때는 노크를 해야 하는 법이다.

❷ ～し : ～고 〈열거, 이유 나열〉

접속방법　「イ형용사・ナ형용사・동사의 보통형」＋し

① この町は静かだし、空気もきれいです。
이 마을은 조용하고 공기도 맑습니다.

② 今日は荷物も多いし、雨も降ってきたし、タクシーで帰りましょう。
오늘은 짐도 많고 비도 내리니 택시로 돌아갑시다.

❸ ～ようだ : ～인 것 같다 〈추측〉

접속방법　「명사＋の・だった / ナ형용사＋な・だった / イ형용사・동사의 보통형」
＋ようだ
　➡ 상황을 근거로 한 말하는 사람의 추측이나 단정을 피해서 말하고자 할 때 사용하는 표현이다.

① この本は難しいようだ。 이 책은 어려울 것 같다.

② 彼女には以前にどこかで会ったようです。
그녀와는 이전에 어딘가에서 만난 것 같다.

❹ 〜そうだ : 〜처럼 보이다 〈양태〉

접속방법 「동사의 ます형 / イ형용사・ナ형용사의 어간」+ そうだ

➡ 시각에 의한 판단으로 외관을 묘사하는 표현이나, 눈에 보이지 않는 사항에 대하여 그렇게 될 것이라고 예상, 예측하는 표현.

① そのオレンジはあまそうだ。
그 오렌지는 달 것 같다.

② ボタンが取れそうです。
단추가 떨어질 듯 합니다.

③ この調子だと今度の試験に受かりそうです。
이 상태라면 이번 시험에 합격할 것 같습니다.

❺ 〜なり : 〜나름

접속방법 「명사」+ なり

➡ 그것에 어울리는 정도, 상태를 말하고 싶을 때 사용하는 표현.

① 弟には弟なりの考えがある。
동생에게는 동생 나름의 생각이 있다.

② 彼は彼なりに努力はしてみたが、力が及ばなかった。
그는 그 나름대로 노력은 해 보았으나 힘이 미치지 못했다.

◉ 형용사

형용사는 사물 또는 사람이나 동물의 성질, 속성, 상태, 감정, 감각 등을 나타내는 말로, 주로 명사를 수식하거나 문장의 끝에 와서 서술어의 역할을 한다.

1. 형용사의 종류

형태상 : 명사를 수식하는 형태에 따라 イ형용사, ナ형용사
의미상 : 사물이나 사람의 성질, 상태를 나타내는 속성 형용사
　　　　 말하는 사람의 주관적인 감정, 감각, 평가 등을 나타내는 감정 형용사

2. 형용사의 연결 표현(て형)

연결 표현은 て형이라고도 하며 '~하고, ~하여'라는 뜻으로 앞의 말과 뒤의 말을 연결하는 역할을 한다. 이 외에도 '~해서'라는 뜻의 원인 · 이유를 나타내거나, 사물 또는 사람의 성질 · 상태를 열거할 때도 사용한다.

- **イ형용사 연결 표현 만들기**

  어미「い」를「く」로 바꾼 다음「て」를 붙임

  ① 新しく<u>て</u>、きれいな自動車。 새롭고 깨끗한 자동차

  ② 父は背が高く<u>て</u>ハンサムで、がっしりしています。
    아버지는 키가 크고 미남이며 체격이 다부집니다.

- **ナ형용사 연결 표현 만들기**

  어미「だ」를 떼고「で」를 붙임

  ① 彼女は親切<u>で</u>きれいです。 그녀는 친절하고 예쁩니다.

3. 형용사의 순접(順接) 사항 연결과 역접(逆接) 사항 연결

형용사를 나열할 때 같은 이미지(플러스 + 플러스, 마이너스+마이너스)의 단어는「て/で」로 연결하고 다른 이미지(플러스 + 마이너스, 마이너스 + 플러스) 단어인 경우에는 역접 조사인「が」를 사용하여 나타낸다.

  ① 私の部屋はきれいで小さいです。(×)

　　→ 私の部屋はきれいですが、小さいです。(○)
　　　　내 방은 깨끗하지만 작습니다.

  ② 母は背が低くてきれいで物静かで笑顔がとても素敵です。(×)

　　→ 母は背が低いですが、きれいで物静かで笑顔がとても素敵です。(○)
　　　　어머니는 키가 작지만, 예쁘고 차분하며 웃는 얼굴이 정말 멋집니다.

02

私の部屋

私の部屋は広くはないですが、日当たりもよく、風通しもいい部屋です。部屋には水玉模様のカーテンがかけ**てあり**、白い壁には丸い時計がかかっています。部屋には机やベッド、本棚、ノートパソコンなどがあります。

本棚の上には、小さいとき父が買ってくれた人形が置い**てあります**。名前は「りかちゃん」で私の大好きな人形です。りかちゃん人形は髪は茶色で、大きな黒い目**をしています**。買ってもらったときは赤いドレスを着ていましたが、ずいぶん古くなったので、5年前母にピンクのドレスを作っ**てもらい**、今はそのドレスを着ています。これからも、このりかちゃん人形だけは大切にしたいです。

机の上には、ウサギの貯金箱が置い**てあります**。この貯金箱には五円玉だけを入れる**よう****にしています**。二年ぐらい前、「五円玉はご縁を呼ぶ」と聞いてから、財布に残った五円玉を使わずに貯め始めました。

알자어구

日当 (ひあ) たり 볕이 듦. 또는 그 정도나 장소. 양지바른 곳. 양달 ｜ **風通 (かぜとお) し** 통풍 ｜ **水玉模様 (みずたまもよう)** 물방울 무늬 ｜ **貯金箱 (ちょきんばこ)** 저금통 ｜ **縁 (えん)** 인연 ｜ **貯 (た) める** 모으다, 저축하다, 쌓아두다 ｜ **良縁 (りょうえん)** 좋은 인연 ｜ **手放 (てばな) す** 내버려두다, 손에서 놓다. (가지고 있던 것을) 남에게 넘겨주다 ｜ **神社 (じんじゃ)** 신사 ｜ **お祈 (いの) り** 기원, 기도 ｜ **横 (よこ) になる** 눕다, 자다

今まで集めても良縁がないのだからもう使ってしまってもよさそうなものですが、手放したらますます縁が来ないような気がして、怖くて使えません。来年のお正月に、神社に持っていって、「いい縁がありますように」とお祈りでもしようかと思っています。

それから私の部屋にどうしても置きたいものがひとつあります。それはソファです。友達が遊びに来たら、ソファに座ってお茶でも飲みながらゆっくり話でもしたいからです。それに、ベッドで横になって、本を読んだり、音楽を聞いたりするより、ソファのほうが楽だからです。まだ両親にも言っていませんし、私もお金がないのでいつ買えるか分かりませんが、アルバイトをしてでも必ず買いたいです。

본문 내용 확인 문제

❶ 部屋は広いですか。

❷ りかちゃん人形はいつ誰が買ってくれましたか。

❸ 貯金箱にはどうして5円玉だけを入れるのですか。

❹ 貯金した五円玉はどうして怖くて使えないのですか。

❺ どうしてソファーがほしいんですか。

❻ ソファーが買えない理由は何ですか。

❶ ～てある : ～해져 있다, ～되어 있다 〈결과의 상태〉

접속방법 「타동사의 て형」＋ ある

○ 어떤 목적이나 의도를 갖고 행한 행위의 결과가 지금도 남아있다는 것을 나타내는 표현.
(참고 :「～ている」는 자연스럽게 일어난 일로 '～해 있다')

① (空気をきれいにするために) 窓が開けてあります。
(공기를 깨끗이 하기 위해) 창문을 열어 놓았습니다.

② 教室には鍵がかけてあります。
교실에는 자물쇠가 채워져 있습니다.

❷ ～をしている : ～을 하고 있다 〈소유, 상태〉

접속방법 「명사」＋ をしている

① さびしい表情をした人。
쓸쓸한 표정을 한 사람

② 彼女はきれいな目をしています。
그녀는 예쁜 눈을 가지고 있다.

❸ ～てもらう(～ていただく) : (누군가에게) ～을 하여 받다, (누군가) ～해 주다

접속방법 「동사의 て형」＋ もらう(いただく)

○ 행위를 받는 사람 입장에서 표현하며, 대개 말하는 사람이 그 동작의 행위를 받는 사람이며, 행위를 해 주는 사람은 보통 조사 'に'를 사용하여 나타낸다.

① 私はこの本を友だちに貸してもらった。
나는 이 책을 친구에게서 빌렸다.

② 小林さんに本を貸していただきました。
고바야시 씨에게 책을 빌렸습니다.

❹ ～ようにする : ～하기로 하다, ～하도록 하다

[접속방법] 「동사의 사전형 / 동사의 ない형」+ようにする

　➡ 습관적인 행동, 작용 등을 나타내거나, 지금까지는 존재하지 않았던 상태를 존재하는 상태로
　　바꾸기 위한 작용을 할 때 사용한다.

① 私は毎朝朝食を食べるようにした。
　나는 매일 아침 아침식사를 하기로 했다.

② 油をさして、ドアがスムーズに開くようにした。
　기름을 쳐서 문이 부드럽게 열리도록 했다.

❺ ～(し)ようかと思っている : ～할까 하고 생각하고 있다

[접속방법] 「동사의 의지형」+かと思っている

① 今夜は早く寝ようかと思っています。
　오늘 밤은 일찍 잘까 하고 생각하고 있습니다.

② 明日は会社を休もうかと思っています。
　내일은 회사를 쉴까 하고 생각하고 있습니다.

③ 今日は焼肉を食べようかと思っています。
　오늘은 불고기를 먹을까 하고 생각하고 있습니다.

❻ ～ながら : ～하면서, ～함과 동시에 〈동시진행〉

[접속방법] 「동사의 ます형」+ながら

① テレビを見ながらご飯を食べる。 TV를 보면서 밥을 먹는다.

② 辞書を引きながら英語を読むのは疲れます。
　사전을 찾으면서 영어를 읽는 것은 피곤합니다.

③ 音楽を聞きながら仕事をします。 음악을 들으면서 일을 합니다.

1 （　）の中の動詞を「〜てある」、「〜ている」の形にして文章を完成させなさい。

① 家に誰もいないのに窓が ＿＿＿＿＿＿＿ ました。(開く)

② ここに「禁煙」と ＿＿＿＿＿＿＿ ます。(書く)

③ 電気が ＿＿＿＿＿＿＿ るので、田中さんは家にいると思います。(つく)

④ 財布が ＿＿＿＿＿＿＿ たので、警察に届けました。(落ちる)

⑤ 来週の予定を鈴木さんに ＿＿＿＿＿＿＿ ますか。(伝える)

2 例のように文章を変えなさい。

> **例** ぞうは鼻が長いです。→ ぞうは長い鼻をしています。

① 彼女は目が小さいです。 ＿＿＿＿＿＿＿ 。

② 山田さんは表情が暗いです。 ＿＿＿＿＿＿＿ 。

③ 庭に咲いているバラは色が赤いです。 ＿＿＿＿＿＿＿ 。

3 次の「〜てくれる」の文章を例のように「〜てもらう」を使った文章に変えなさい。

> **例** 先生が日本語を教えてくれました。→ 先生に日本語を教えてもらいました。

① 山田さんが仕事を手伝ってくれました。

＿＿＿＿＿＿＿ 。

② 遅くなったので、父が迎えに来てくれました。

＿＿＿＿＿＿＿ 。

③ 教科書を忘れたので、友達が見せてくれました。

＿＿＿＿＿＿＿ 。

4 下の動詞を使って「～ようにする」の文章を完成させなさい。

> 例 話す　戻す　行く　食べる　捨てる

① できるだけ、バスや電車で会社に ＿＿＿＿＿＿＿＿ います。

② ごみはごみ箱に ＿＿＿＿＿＿＿＿ ください。

③ 使ったら元のところに ＿＿＿＿＿＿＿＿ ください。

④ ダイエットをしているので、甘いものは ＿＿＿＿＿＿＿＿ います。

⑤ 電車の中では、大きい声で ＿＿＿＿＿＿＿＿ ください。

5 （　）の中の言葉を適当な形にして、文章を完成させなさい。

「そうだ」を使って

① (ケーキを見て)わあ、 ＿＿＿＿＿＿＿＿ ケーキですね。(おいしい)

② どうしよう。先生は ＿＿＿＿＿＿＿＿ ありません。(許してくれる)

(意向形を使って)

③ 今度お給料がでたら、新しいくつを ＿＿＿＿＿＿＿＿ と思っています。
　(買う)

④ 私は小さいときからずっと教師に ＿＿＿＿＿＿＿＿ と思っていました。
　(なる)

(「ながら」を使って)

⑤ テープを ＿＿＿＿＿＿＿＿ 日本語の勉強をしています。(聞く)

⑥ 佐藤さんは学生時代アルバイトを ＿＿＿＿＿＿＿＿ 勉強していました。(する)

問題　次の文章を読んで、後の問いに対する答えとして最も良いものを
　　　1・2・3・4から一つ選びなさい。

佐藤：田中さん、いつから休みなんですか。
田中：来週の水曜日から休みなんだよ。
佐藤：ああ、そうなんですか。（　ア　）。
田中：3日間休みだけど、土、日も休みだから（　イ　）。佐藤さんは。
佐藤：私は来週は一週間ずっと休みなんです。
田中：いいですね。休みが長くて……。うらやましいですよ。
佐藤：せっかくの休みだから、（　ウ　）。
田中：海はどうですか。海の見えるいいホテルを知っているんです。
佐藤：そうですか。そのホテル予約しないといけないでしょう。
田中：ええ、しておいたほうがいいと思います。（　エ　）。
佐藤：じゃ、お願いします。
田中：何日間予約しましょうか。
佐藤：土、日は海も混雑しているから水曜日から金曜日まで2泊3日
　　　でどうですか。
田中：2泊3日ですか。行き帰りに時間がかかるから、もう1日くら
　　　いゆっくりしたいですね。
佐藤：わかりました。じゃ、そうしましょう。

1　(ア)～(エ)の(　　)には何を入れますか。

(ア)　1　何日休みですか。　　　　　2　何日が休みですか。

　　　3　何日から休みですか。　　　4　土、日も休みですか。

(イ)　1　3日間休みだよ。　　　　　2　5日間休みだよ。

　　　3　7日間休みだよ。　　　　　4　来週ずっと休みだよ。

(ウ)　1　どこかへ出かけませんか。

　　　2　どんなところがいいですか。

　　　3　いいホテル知って言いますか。

　　　4　どこかへ行ったらどうですか。

(エ)　1　佐藤さんがしますか。　　　2　佐藤さんがしてください。

　　　3　私がしておきます。　　　　4　私がしたらいいです。

2　文章の内容と合っているものはどれですか。

1　田中さんも佐藤さんも来週はずっと休みです。

2　田中さんと佐藤さんは水曜日から金曜日まで海に行きます。

3　ホテルの予約は田中さんがします。

4　ホテルは海から遠いです。

休(やす)み 휴식, 휴일, 휴가, 방학 ｜ **うらやましい** 부럽다, 샘이 나다 ｜ **せっかく** 모처럼, 일부러, 벼르고 함 ｜ **ホテル** 호텔 ｜ **予約(よやく)** 예약 ｜ **混雑(こんざつ)** 혼잡 ｜ **行(ゆ)き帰(かえ)り** 왕복, 갔다가 되돌아옴

❶ ～ほうがいい: ~하는 편이 좋다, ~하는 것이 바람직하다

접속방법 「동사의 사전형/동사의 ない형/ 동사의 た형」＋ほうがいい

➡ 상대방의 행위를 나타내는 동사에 붙어 상대방에 대해 말할 경우에는 권고, 충고의 의미이고, 「～と思う」, 「～でしょう」 등이 붙으면 부드러운 권고, 제안의 의미이다.

① 雨が降りそうだから、かさを持っていった方がいいよ。
비가 올 것 같으니까 우산을 가져가는 것이 좋을거야.

② あの本は今のうちに買っておくほうがいいと思いますよ。
저 책은 지금 중으로 사 두는 편이 좋다고 생각합니다.

❷ せっかく : 모처럼, 일부러

① せっかくのチャンスだったのに、逃してしまった。
모처럼의 기회였는데 놓쳐버렸다.

② せっかく旅行に行く用意をしたのに、雨にふられてしまいました。
모처럼 여행 갈 준비를 했는데 비를 맞고 말았습니다.

03

問題

　最近、若者の自殺が増えている。人生で一番いい時だと思われる20代〜30代の時期に、どうして自ら死を選んでしまうのだろうか。理由はいろいろあるが、ほとんどが、社会に希望を感じられなくなって、生きる気力を失ってしまうらしい。どうしてこんな現象が起こるのだろうか。

　戦後何もなかった時代には、苦労をするのが当たり前で、周りの人と助け合わないと生きていけない社会環境だった。生きて行くという共通の目的によって自然に人間関係の酸いも甘いも学んで行けた。しかし現代は、生活が豊かになり、コンピューターが発達して、人とコミュニケーションする機会が少なくなってきた。

若者 (わかもの) 젊은이 ｜ **自殺 (じさつ)** 자살 ｜ **増 (ふ)える** 늘어나다, 불어나다 ｜ **自 (みずか)ら** 자기 자신, 스스로 ｜ **選 (えら)ぶ** 고르다, 뽑다 ｜ **希望 (きぼう)** 희망 ｜ **失 (うしな)う** 잃다, 상실하다 ｜ **現象 (げんしょう)** 현상 ｜ **苦労 (くろう)** 고생, 수고, 노고 ｜ **当 (あ)たり前 (まえ)** 당연함, 마땅함 ｜ **社会環境 (しゃかい かんきょう)** 사회환경 ｜ **共通 (きょうつう)** 공통 ｜ **人間関係 (にんげんかんけい)** 인간관계 ｜ **酸 (す)いも甘 (あま)いも** 쓴맛 단맛 ｜ **学 (まな)ぶ** 배우다 ｜ **豊 (ゆた)か** 풍족함, 부유함, 넉넉함 ｜ **ひきこもり** 외출하지 않고 집안에 틀어박힘 ｜ **うつ病 (びょう)** 우울증 ｜ **至 (い)る** 다다르다 ｜ **重 (かさ)なる** 포개어지다, 거듭되다 ｜ **励 (はげ)ます** 격려하다, 힘을 돋우어 주다 ｜ **痛 (いた)む** 아프다, 괴롭다

　そんな中で育った子供たちが大人になり、社会に出ると、そこではじめて人間関係の現実に直面するようになる。そしてちょっとしたトラブルにも対処できず、自分の世界に入って、出て来られなくなる。これは「ひきこもり」という社会現象にもなっている。それがひどくなると、うつ病、自殺に至る。

　今日、20代〜30代の死因1位が自殺だそうだ。最近は不景気も重なり、4年大学を卒業したとしても就職できない人も多いそうだ。こんな苦しい環境の中でも、自分を支えて、励ましてくれる友達なり、先生なりいてくれたら自殺なんて考えないだろうに。本当に心が痛む問題である。

❶ 最近若者たちはどうして死を選んでしまうのでしょうか。

❷ 戦後何もなかった時代はどんな社会環境でしたか。

❸ どうして「ひきこもり」が起こるのでしょうか。

❹ 「ひきこもり」の状態がひどくなるとどうなりますか。

❺ 4年大学を卒業すれば、いい会社に就職できますか。

❻ 作者はどうしたら若者が自殺を考えなくなると言っていますか。

❶ どうして ～だろうか : 왜[어째서] ～인 것일까?

① どうして自ら死を選んでしまうのだろうか。
어째서 스스로 죽음을 선택해버리고 마는 것일까?

② どうしてスーパーは混んでいるのでしょうか。
왜 슈퍼마켓은 혼잡한 것일까요?

❷ ～らしい : ～인 것 같다, ～인 듯하다 〈추측〉

접속방법 「명사 / イ형용사 · ナ형용사의 보통형 / 동사의 보통형」＋ らしい

➡ 그 장면의 상황에 의한 판단을 나타낸다. 판단의 근거는 직감적인 생각이 아니라, 보거나 듣거나 읽은 것 등으로 객관적인 것이어야 한다.

① いつも一人でいるところを見ると、彼女には友達がいないらしい。
늘 혼자 있는 것을 보면 그녀에게는 친구가 없는 듯하다.

② 吉田さんからこの頃手紙も電話もこないが、よほど忙しいらしい。
요시다 씨한테서 요즘 편지도 전화도 오지 않는데 어지간히 바쁜 것 같다.

③ 社長の話によると、リーさんは来週帰国するらしい。
사장님 말씀에 의하면 리 씨는 다음 주 귀국하는 모양이다.

❸ ～ていく[くる] : ～해 가다[오다]

접속방법 「동사의 て형」＋ いく[くる]

➡ 과거로부터 현재까지, 현재로부터 미래까지의 어떤 상황의 시간적인 계속을 나타내거나, 과거에서 현재, 현재에서 미래로 변화가 점점 진행되어 가는 것을 나타낸다.

① 日本で学ぶ留学生の数が増えてきた。これからも増えていくだろう。
일본에서 공부하는 유학생의 수가 증가해 왔다. 앞으로도 증가해 갈 것이다.

② 国に帰ってからも日本語の勉強を続けていくつもりです。
고국으로 돌아간 뒤에도 일본어 공부를 계속해 갈 생각입니다.

❹ はじめて： 처음(으로)

➦ 참고로 「～てはじめて」는 '(～하고 나서) 비로소'라는 의미이다

① 日本ははじめてです。 일본은 처음입니다.

② 今日、今年になって初めて雨が降った。
오늘 올해 들어서 처음 비가 내렸다.

③ 彼の事情は手紙を見てはじめて知った。
그의 사정은 편지를 보고 비로소 알았다.

❺ ～ず： ～않고, ～않아 〈부정, 이유〉

접속방법 「동사 ない형」＋ず （※예외）する → せず

➦ 「～ずに」는 주로 ～한 상태로(付帯状況), 수단을 나타낸다. 「～ないで」는 ～한 상황에서 동작을 한 것, 수단, 방법, 대비를 나타내며, 「～なくて」는 이유, 병렬을 나타낼 때 사용하는 표현이다.

① 窓を閉めず、家を出ました。 창문을 닫지 않고 집을 나왔습니다.

② 勉強もせず、毎日ぶらぶらしている。 공부도 하지 않고 매일 빈둥거리고 있다.

③ 窓を閉めないで寝ました。 창문을 닫지 않고 잤습니다.

④ 調味料をつかわないで料理をした。 조미료를 사용하지 않고 요리를 했다.

⑤ お金が足りなくて、買えませんでした。 돈이 부족해서 살 수가 없었습니다.

❻ ～なり～なり： ～든(지) ～든지, ～나 ～나 〈예시, 열거〉

접속방법 「동사의 사전형 / 명사(+조사)」＋ なり ＋ 「동사의 사전형 / 명사(+조사)」
＋ なり

① 親なり兄弟なりに相談してください。 부모나 형제에게 상의하세요.

② 煮るなり焼くなり勝手にしろ。 삶든 굽든 마음대로 해라.

1 正しい文章に〇、正しくない文章にXをつけなさい。

① 熱があるらしいんですが、早退してもいいですか。☐

② 最近韓国でも自殺が増えているらしい。☐

③ 私の父は頑固で人の話を聞いてくれないらしいです。☐

④ 子犬は誰かがそばに来るとうれしいらしく、しっぽをふっていました。☐

⑤ きのう、駅前で田中先生らしい人を見かけました。☐

2 下の動詞を使って「〜ていく」の文章を完成させなさい。

> 例　生きる　　逃げる　　減る　　涼しくなる　　続ける

① これからもますます15歳以下の子供が 　　　　　　　　　　　でしょう。

② 8月も終わりですから、これからだんだん 　　　　　　　　　と思います。

③ これからも日本語の勉強だけは 　　　　　　　　たいと思います。

④ 泥棒が財布を盗んで 　　　　　　　しまいました。

⑤ どんなことがあっても前向きに 　　　　　　　ましょう。

3 （　）の中から正しいものを選んで〇をつけなさい。

① くつを脱が (なくて ・ ずに) 部屋の中に入りました。

② 誰にも言わ (なくて ・ ないで) 出て行きました。

③ 切手をはら (なくて ・ ずに) 手紙を出してしまいました。

④ きのうから何も食べてい (なくて ・ ないで) めまいがします。

⑤ 今日は日曜日なので出かけ (ないで ・ ずに) いいです。

4 下の言葉を使って文章を完成させなさい。

> 先生に聞く　　郵便局　　電話をする　　病院へ行く　　辞書を引く
> 薬を飲む　　バスに乗る　　メールを送る　　地下鉄に乗る　　銀行

① 分からない時は、＿＿＿＿＿＿＿＿＿なり、＿＿＿＿＿＿＿＿＿なりして
ください。

② 遅れる時は＿＿＿＿＿＿＿＿＿なり、＿＿＿＿＿＿＿＿＿なり連絡をして
ください。

③ 熱があるなら＿＿＿＿＿＿＿＿＿なり、＿＿＿＿＿＿＿＿＿なりしたほう
がいいですよ。

④ ＿＿＿＿＿＿＿＿＿なり、＿＿＿＿＿＿＿＿＿なりして、一人で行ってく
ださい。

⑤ 海外へ送金をしたい時には＿＿＿＿＿＿＿＿＿なり、＿＿＿＿＿＿＿＿＿
なりへ行けばいい。

5 空欄の中に適当な言葉を入れて、次の韓国語を日本語に直しなさい。

① 누구나 아이를 갖고서야 비로소 부모의 고생을 안다.

　　誰でも子供を＿＿＿＿＿＿＿＿＿親の苦労を知る。

② 어째서 너에게 아무것도 말할 수 없었던 걸까?

　　＿＿＿＿＿＿＿＿＿君に何も＿＿＿＿＿＿＿＿＿んだろう。

③ 다음 주부터 기온이 올라간다고 합니다.

　　来週から気温が＿＿＿＿＿＿＿＿＿そうです。

④ 현지에 가서야 비로소 기아의 심각성을 알게 되었습니다.

　　現地へ＿＿＿＿＿＿＿＿＿飢餓の深刻性を知りました。

⑤ 가을이 되면 산의 나뭇잎이 붉어져 갑니다.

　　秋になると、山の木の葉が＿＿＿＿＿＿＿＿＿。

問題　次の文章を読んで、後の問いに対する答えとして最も良いものを
　　　1・2・3・4から一つ選びなさい。

ヤンさんへ

　ヤンさん、お元気ですか。日本は梅雨もあがり、暑い日が続いています。韓国も真夏日が続いていると聞きました。
　今日は急いでお知らせしなければならないことがあって、手紙を書いています。ヤンさん、来月の１日に日本にいらっしゃることになっていますよね。実は急に今月の２９日に会社の出張で九州に行くことになってしまったんです。１日には帰ってくることになっているんですが、空港に迎えに行けなくなってしまったんです。（　ア　）、弟の健二に代わりに迎えに行ってもらうことにしたので、すみませんが、弟の車でうちまで来てください。弟は私より運転が上手ですから（　イ　）。二人が家に着くころには私も家に帰れると思います。
　私の弟は背が高くてやせています。髪はちょっと長めで茶色に染めています。明日は青いシャツを着ていくと言っていました。私と顔もよく似ていますし、ヤンさんの名前を書いた紙を持って立たせますからすぐ（　ウ　）と思います。
　ヤンさんに会うのは３年（　エ　）ですね。本当に楽しみです。うちの家族もみんな楽しみにしています。母はヤンさんの大好きな散らし寿司を作るんだといって今から張り切っているんですよ。

　では、１日の夕方お会いしましょう。夏風邪など引かないように体に気をつけてくださいね。

７月３日

山中順子

1　（ア）～（エ）の（　　）には何を入れますか。

（ア）　1 そして　　　　2 それで　　　　3 それでは　　　　4 それなら

（イ）　1 心配です　　　　　　　　　　2 大丈夫です

　　　　3 安心してください　　　　　　4 注意してください

（ウ）　1 来る　　　　2 行く　　　　3 見る　　　　4 わかる

（エ）　1 だけ　　　　2 くらい　　　　3 ぶり　　　　4 ごろ

2　この手紙からわかることは何ですか。

1 ヤンさんは今月の１日に日本へ来ます。

2 ヤンさんは１日に順子さんと空港で会います。

3 ヤンさんは順子さんと会ったことがありません。

4 順子さんのお母さんは散らし寿司を作ろうと思っています。

梅雨 (つゆ) 장마, 장마철 ｜ **真夏日 (まなつび)** 하루의 최고 기온이 섭씨 30도를 넘은 날 ｜ **急 (いそ)ぐ** 서두르다, 조급히 굴다 ｜ **空港 (くうこう)** 공항 ｜ **迎 (むか)え** 맞이함, 마중 감, 또는 그 사람 ｜ **代 (か)わり** 대신, 대체, 교체, 대용 ｜ **染 (そ)める** 물들이다, 염색하다 ｜ **楽 (たの)しむ** 즐기다, 낙으로 삼다 ｜ **散 (ち)らし寿司 (ずし)** 생선·달걀 부침이나 양념한 채소 등 고명을 얹은 초밥 ｜ **張 (は)り切 (き)る** 힘이 넘치다, 의욕이 충만하다, 아주 긴장하다 ｜ **夕方 (ゆうがた)** 해질녘, 저녁때 ｜ **気 (き)をつける** 조심하다, 주의하다

❶ ～ことになる : ～하기로 되다 〈결정〉

접속방법 「동사의 사전형 / 동사의 ない형」+ ことになる

➡ 어떤 사건·일이 자신의 의지와는 관계없이 외부요인에 의해 결정되었다는 것을 나타낼 때 사용하는 표현. 「～ことにする」는 어떤 사건·일을 말하는 사람이 주체적으로 결정했다는 것을 나타내는 표현이다.

① 今週、出張で日本に行くことになりました。
이번 주 출장으로 일본에 가게 되었습니다.

② 会議は本社の会議室で行うことになりました。
회의는 본사 회의실에서 하기로 되었습니다.

③ 私たちは今度結婚することにしました。
저희는 이번에 결혼하기로 했습니다.

❷ ～てしまう : ～해 버리다 〈완료, 유감〉

접속방법 「동사의 て형」+ しまう

➡ '완전히·전부 ～을 끝내다'는 것을 강조하고자 할 때 사용하거나, 말하는 사람의 '난처하다, 유감이다' 등의 기분을 나타낼 때 사용하는 표현이다. 후자의 경우 무의지동사와 함께 사용되는 경우가 많다.

① 一晩でこの小説を読んでしまった。
하룻밤에 이 소설을 다 읽어 버렸다.

② コップを落として割ってしまった。
컵을 떨어뜨려 깨뜨려 버렸다.

04

ふり仮名・片仮名・平仮名について

ポイント

1 ～なくてもいい
2 ～わけだ
3 ～という
4 ～はじめる
5 ～より～ほうが
6 ～に基(もと)づく

　皆さんが今、使っている教科書には、おぼえなくてもいい漢字にふり仮名がついています。朝日新聞とか毎日新聞など日本の大きな新聞にも常用漢字でない漢字にはふり仮名がついています。このふり仮名の習慣は昔からあるものなのです。

　これについて説明しますと、昔漢字が日本に入ってきた時、日本には文字がありませんでした。そこで漢字を中国語の発音と同じように読みました。例えば、「山」という漢字は昔中国で /san/、「雨」は /jiu/ と発音されていました。日本人はそれを「サン」、「ウ」と読みました。これが今の音読みになったわけです。ところが、日本にも「ヤマ」、「アメ」という「山」、「雨」にあたる言葉があったので、「山」、「雨」という漢字に「ヤマ」、「アメ」という発音を表す「也末」、「夜麻」、「阿米」、「安女」という漢字をふり仮名としてつけました。つまり、山、山、雨、雨とふり仮名をつけたのです。「也末」、「夜麻」、「阿米」、「安女」のような漢字を万葉仮名と言います。

　この万葉仮名から片仮名と平仮名ができました。しかし、そのでき方は少し違います。片仮名はお寺のお坊さんが使いはじめました。お坊さん達は中国

おぼえる 기억하다 ｜ **ふり仮名(がな)** 한자 옆에 읽는 음을 仮名로 단 것 ｜ **常用漢字(じょうようかんじ)** (일본의) 상용한자(1981년 제정하여 고시한 1945자로 일반 사회 생활에서 한자 사용의 기준이 됨) ｜ **入(はい)る** 들어가다, 들어오다 ｜ **そこで** 그래서, 그런 까닭으로 ｜ **発音(はつおん)** 발음 ｜ **音読(おんよ)み** 음독, 한자를 음으로 읽음 ｜ **言葉(ことば)** 말, 언어 ｜ **表(あらわ)す** 나타내다, 드러내다 ｜ **つまり** 결국, 즉, 요컨대 ｜ **つける** 붙이다, 달다 ｜ **万葉仮名(まんようがな)** 한자의 음·훈을 빌려 일본어의 음을 적은 문자(우리나라의 이두와 같음) ｜ **お坊(ぼう)さん** 스님, 중을 친근하게 부르는 말 ｜ **輸入(ゆにゅう)** 수입 ｜ **行間(ぎょうかん)** 행간, 행과 행 사이 ｜ **草仮名(そうがな)** 만요가나를 흘림으로 쓴 것 ｜ **意味(いみ)** 의미

から輸入された仏教の本を勉強した時、行間に漢字の読み方や先生の説明を書きました。「阿」、「伊」、「宇」、などと書くより、その一部を使って、「ア」、「イ」、「ウ」と書いたほうが便利なので、万葉仮名にもとづいた片仮名が多く使われるようになりました。平仮名のほうは、主に女性達が使いはじめました。はじめは、万葉仮名を草書にした草仮名という仮名が使われていましたが、後にこの草仮名をもっと簡単にした平仮名が使われるようになりました。片仮名は主に辞書などで漢字の発音や意味を書くのに使われ、平仮名は主として文学の世界で多く使われました。

❶ 日本の大きな新聞でふり仮名がついているのはどういう漢字ですか。

❷ 日本に漢字が入ってきたとき、日本に文字はありましたか。

❸ 片仮名を使いはじめたのは誰ですか。

❹ 平仮名を使いはじめたのは誰ですか。

❺ 片仮名は主として何をするのに使われましたか。

❻ 平仮名は主としてどこで使われましたか。

❶ 〜なくてもいい : 〜하지 않아도 된다 〈불필요〉

접속방법 「동사 ない형」＋なくてもいい

① 忙しい人は会議に参加しなくてもいいです。
바쁜 사람은 회의에 참석하지 않아도 됩니다.

② 明日は出勤しなくてもいいですよ。
내일은 출근하지 않아도 됩니다.

③ そんなに心配しなくてもいいです。
그렇게 걱정하지 않아도 됩니다.

❷ 〜わけだ : (결과적으로) 〜하게 됨도 당연하다, 〜할 만도 하다, 〜한 것이다

접속방법 「명사＋の・である / ナ형용사 어간＋な・である/ イ형용사・동사의
보통형」＋わけだ

① 李さんはお母さんが日本人ですから、日本語が上手なわけです。
이 씨는 어머님이 일본인이니까 일본어가 능숙할 만도 합니다.

② 体をろくに動かさないで食べてばかりいるから太るわけです。
몸을 제대로 움직이지 않고 먹기만하니까 살찌는 것입니다.

❸ 〜という : 〜라고 하다, 〜라고 부르다

접속방법 「명사」＋ 〜という
　　　　 ➡ 듣는 사람이 모르는 상황, 사물이나 사람의 명칭을 말할 때, 정의를 내리거나 새롭게 설명을
　　　　 더할 때 사용한다.

①「Good bye」を日本語で「さようなら」と言います。
'Good bye'를 일본어로 '사요나라'라고 합니다.

② A: あの人はなんという人ですか。 저 사람은 뭐라고 하는 사람입니까?

　 B: (あの人は)美智子という人です。 (저 사람은) 미치코라는 사람입니다.

❹ 〜はじめる ：

접속방법 「동사의 ます형」＋ はじめる

① 雨が降りはじめた。
비가 내리기 시작했다

② 車が動きはじめました。
자동차가 움직이기 시작했습니다.

---

❺ 〜より〜ほうが ： ~보다 ~이 〈비교〉

접속방법 「명사 / 동사의 보통형」＋ より ＋「명사 / 동사의 보통형」＋ (の)ほうが
◆ 다른 것과 비교해서 보다 바람직한 것을 나타낼 경우에 사용한다.

① 夏よりも冬のほうが好きだ。
여름보다도 겨울이 좋다

② 私は紅茶よりコーヒーの方が好きです。
나는 홍차보다 커피를 좋아합니다.

---

❻ 〜に基(もと)づく ： ~에 기초를 두다, ~에 근거하다

접속방법 「명사」＋ に基づく

① 彼女の意見は長い経験に基づくものだから納得できる。
그녀의 의견은 오랜 경험에 근거한 것이므로 납득할 수 있다.

② 実際にあった話に基づいて小説を書いた。
실제로 있었던 이야기에 근거하여 소설을 썼다.

1 （　）の中の動詞を「〜なくてもいい」の形にして文章を完成させなさい。

① まだ時間がありますから、　　　　　　　　　　　　　　いいですよ。(急ぐ)

② もう治ったので薬は　　　　　　　　　　　　いいです。(飲む)

③ 来週はテストですから教科書は　　　　　　　　　　いいですよ。
(持ってくる)

④ そんなに　　　　　　　　　　いいですよ。いつものことですから。(驚く)

⑤ 講義室はそんなに大きくないので、マイクは　　　　　　　　　いいです。
(使う)

2 例のように「〜わけだ」を使って二つの文章を一つにしなさい。

> 例　金さんはおととしまで日本に住んでいた。日本語が上手だ。
> → 金さんはおととしまで日本に住んでいたから、日本語が上手なわけだ。

① このりんごは少し傷がついている。安い。

　　　　　　　　　　　　　　　　　　　　　　　　　　　。

② このレストランは駅から遠いし、あまりきれいではない。お客がいない。

　　　　　　　　　　　　　　　　　　　　　　　　　　　　　　　。

③ 最近円高だ。韓国を旅行する日本人が増えている。

　　　　　　　　　　　　　　　　　　　　　　　　　　　。

3 （　）の中の言葉を使って、「〜より〜ほうが」を使った文章を作りなさい。

①　　　　　　　　　　　　　　　　広いです。　(北海道 ＞ 九州)

② 渋谷へは　　　　　　　　　　　　　便利です。
(電車で行く ＞ バスで行く)

③　　　　　　　　　　　　　　　おもしろかったです。
(先週見た映画 ＞ 今日見た映画)

4 下から一番適当なものを選んで入れなさい。

> 試験　証拠　実験　法律　体験

① すべてが 　　　　　　　　 に基づいて決定される。

② 大学の合格、不合格は 　　　　　　　　 の結果に基づいて決められます。

③ 　　　　　　　　 の結果に基づいて新しい薬が作られた。

④ 自分の 　　　　　　　　 に基づいた意見なので説得力がある。

⑤ 相手の主張は十分な 　　　　　　　　 に基づいていない。

5 次の文章を空欄に適当な言葉を入れて、受身形の文章に変えなさい。

① 財布を落として交番に行ったら、おまわりさんが私にいろいろ質問した。

　　→ 財布を落として交番に行ったら、おまわりさん 　　　　 いろいろ
　　　　　　　　　　　　　　　　　　　　　。

② テストで100点を取ったので、母が私をほめました。

　　→ テストで100点を取ったので、母 　　　　　　　　　　　　　。

③ この歌はカラオケでたくさんの人が歌っています。

　　→ この歌はカラオケでたくさんの人 　　　　　　　　　　　。

④ キムチは世界中の人が食べています。

　　→ キムチは世界中で 　　　　　　　　　　　。

⑤ ここは有名な場所なので、多くの人が知っています。

　　→ ここは有名な場所なので、多くの人 　　　　　　　　　。

問題　次の文章を読んで、後の問いに対する答えとして最も良いものを
　　　１・２・３・4から一つ選びなさい。

　　　私は会社員だ。毎日会社に通っている。家から会社まではちょっと
遠くて１時間３０分くらいかかる。出勤時間が９時だから、７時過ぎ
には家を出なければならない。
　　　まず、駅までは歩いていき、次に(ア)駅から電車に乗って、九つ目
の駅で降りる。そして、そこからまた１０分ぐらいバスに乗らなけれ
ばならない。そして、銀行の前でバスを降りる。(イ)はそのすぐ隣の
７階建ての新しいビルだ。
　　　電車やバスは通勤時間なのでいつも混んでいて、会社に通うのは(
ウ)だが、会社の仕事はおもしろいし、会社に着いてしまえば、通勤中
の苦労は忘れてしまう。
　　　しかし、問題は帰りだ。一日中働いて疲れている上に、１時間３０
分立ちっぱなしで、家に帰るとくたくただ。夕食も遅くなり、いつも
８時過ぎだ。家族と一緒に食事ができないこともよくある。いっその
ことほかの会社に移ろうかと思ったこともある。でも、子供が大きく
なるまでは(エ)つもりだ。今の就職難に通勤が不便だからといって会
社を辞めるわけにはいかないからだ。

1 (ア)〜(エ)の（　　）には何を入れますか。

(ア)	1 あの	2 その	3 あれ	4 それ
(イ)	1 会社	2 銀行	3 家	4 駅
(ウ)	1 簡単	2 大切	3 必要	4 大変

(エ)　1 しばらく休む　　　　　2 家にいる

　　　3 ここに勤める　　　　　4 ほかの会社に勤める

2 文章の内容と合っているものはどれですか。

1 この人は、朝7時過ぎに起きなければならない。

2 家から会社まで電車とバスで1時間半もかかる

3 この人は仕事はおもしろくないし、会社を変えたいと思っている。

4 夕食は8時過ぎになるが、いつも家族が待っていてくれる。

通（かよ）う 다니다, 통하다 ｜ 遠（とお）い 멀다 ｜ 降（お）りる 내리다, 내려오다 ｜ 通勤（つうきん）통근, 출퇴근 ｜ 混（こ）む 붐비다, 복작거리다 ｜ 苦労（くろう）고생, 수고, 노고 ｜ 働（はたら）く 일하다, 움직이다 ｜ くたくた 느른한 모양, 기진맥진 ｜ いっそのこと 차라리, 숫제 ｜ 移（うつ）る 옮기다, 이동하다 ｜ 就職難（しゅうしょくなん）취직난 ｜ 辞（や）める 그만두다, 사직하다, 사임하다

---

❶ ～上(うえ)(に) : 게다가, 더구나

접속방법 「명사＋の・である / ナ형용사 어간＋な＋である / イ형용사・동사의 보통형」＋上に

◎ 앞의 사항에 다른 사항(플러스면 플러스, 마이너스면 마이너스)이 첨가되는 것을 나타낸다.

① 彼女は美しい上に、かしこいです。
그녀는 아름다운데다가 슬기롭습니다.

② 最近、寒いそのうえ天気も悪い。
최근 추운데다가 날씨도 나쁘다.

---

❷ ～っぱなし : 계속 ～인 채, 계속 ～한 상태

접속방법 「동사의 ます형」＋っぱなし

① 窓を開けっぱなしにしないでください。
창문을 열어 둔 채로 두지 마세요.

② あの野球チームはここのところずっと負けっぱなしだ。
그 야구팀은 지금 상태로는 계속 지고 있다.

05

渋谷駅前交番

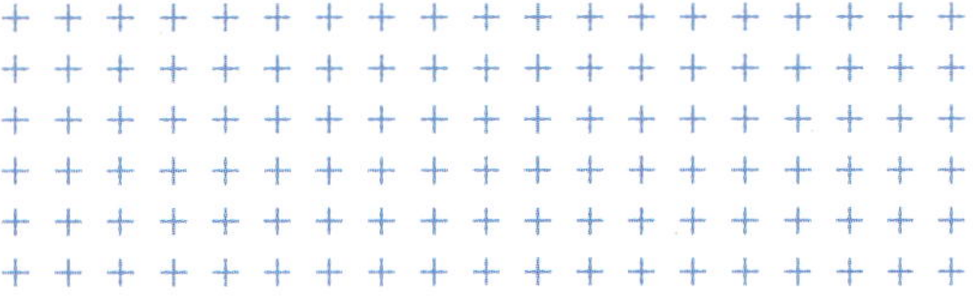

渋谷駅前交番

　1日約230万が利用するという渋谷駅。その渋谷駅を出ると、待ち合わせ場所として有名なハチ公広場の隅に交番があります。渋谷駅前交番です。この交番からはハチ公広場全体が一目で見渡せます。

　この交番にはいつも道案内を待つ人たちの行列ができているそうです。1日平均約2,000人、大きなイベントが開かれるときなどは約3,000人もの人が道を尋ねるために交番を訪れるそうです。

　交番にはよく聞かれる場所をまとめた小さな地図が置かれており、壁一面に地図や時刻表、路線図などがはってあるので、直接おまわりさんに聞かなくても見てすぐ分かることもあるそうです。

　中には「店の名前も住所も電話番号もわからないんですけど、○○雑誌に載っていた店はどこですか。」と尋ねてくる人もいるらしいです。

待(ま)ち合(あ)わせ 약속하여 만나기로 함 ｜ **隅(すみ)** 모퉁이, 귀퉁이, 구석 ｜ **交番(こうばん)** 파출소 ｜ **見渡(みわた)す** 멀리 바라보다 ｜ **行列(ぎょうれつ)** 행렬, 줄을 섬, 또는 그 줄 ｜ **尋(たず)ねる** 묻다, 찾다, 방문하다 ｜ **訪(おとず)れる** 방문하다, (계절이나 어떤 상황이) 찾아오다 ｜ **時刻表(じこくひょう)** (열차, 항공기 등의) 시간표 ｜ **路線図(ろせんず)** 노선도 ｜ **おまわりさん** 순경 ｜ **載(の)る** 얹히다, (신문 등에) 실리다 ｜ **調(しら)べる** 조사하다, 찾다 ｜ **名称(めいしょう)** 명칭 ｜ **像(ぞう)** 어떤 물체의 모양을 본떠 만든 것 ｜ **混(こ)む** 붐비다, 복작거리다 ｜ **怪(あや)しい** 이상하다, 괴상하다, 의심스럽다 ｜ **じろじろ** 빤히 쳐다보는 모양, 유심히, 뚫어지게 ｜ **すり** 소매치기 ｜ **置(お)き引(び)き** 찻간이나 대합실 등에서 남의 짐을 자기 짐과 바꿔서 훔쳐 감, 또는 그 사람 ｜ **万引(まんび)き** 손님으로 가장하여 상점에서 물건을 훔치는 일, 또는 그 사람 ｜ **痴漢(ちかん)** 치한 ｜ **喧嘩(けんか)** 싸움 ｜ **有数(ゆうすう)** 유수, 굴지, 유명함, 손꼽힘

これじゃおまわりさんも案内したくても、調べようがありません。インターネットや雑誌などで目的地の名称、住所、電話番号などをできるだけ調べてから出かけるようにしてもらいたいです。

　また、この交番の前で待ち合わせをする人も多くなっています。ハチ公の像の前ほど混まないし、ハチ公前だと、たまに怪しい人にじろじろ見られたりすることもあるけれども、交番の前だから安心だからだそうです。

　その他、すり、置き引き、万引き、痴漢、けんかなどの犯罪も多い所なので、日本でも有数の「忙しい交番」として有名な交番です。

❶ ハチ公広場は何で有名ですか。

❷ 交番の前では何のために行列ができるのですか。

❸ 直接おまわりさんに聞かなくてもいいように、どんな工夫がされていますか。

❹ おまわりさんは、どうして案内したくても調べようがないのですか。

❺ 交番の前で待ち合わせする人が増えたのはなぜですか。

❻ どうして「忙しい交番」として有名なのですか。

❶ ～として : ～로서, ～의 입장에서 〈자격, 입장, 명목〉

접속방법 「명사」＋～として

① そのころ父は体育の教師として中学校で働いていた。
그 당시 아버지는 체육교사로서 중학교에서 일하고 있었다.

② ここは住宅地として最適だ。
이 곳은 주택지로서 최적이다.

❷ ～できる : ～할 수 있다 〈가능〉, 생기다, 만들어지다 〈완성〉

① 駅前に銀行ができて、便利になった。
역 앞에 은행이 생겨서 편리해졌다.

② ケーキがおいしくできたので、みんなに分けてあげた。
케이크가 맛있게 완성되어서 모두에게 나눠주었다.

③ 田中さんはピアノができます。
다나카 씨는 피아노를 칠 수 있습니다.

❸ ～ために : ～하기 위해서 〈목적〉, ～때문에 〈원인, 이유〉

접속방법 「명사 ＋の / ナ형용사 어간 ＋ な / イ형동사 / 동사 보통형」＋ために

① 金さんは自転車を買うためにアルバイトをしています。
김 씨는 자전거를 사기 위해서 아르바이트를 하고 있습니다.

② 風邪を引いたために授業を欠席しました。
감기에 걸렸기 때문에 수업에 결석했습니다.

❹ 〜ことが[も]ある : ~하는 경우개[도] 있다

접속방법 「동사의 사전형 / 동사의 ない형」+ ことがある

➡ '때때로 또는 가끔 그러하다, 그렇게 된다'는 것을 나타내고자 할 때 사용하는 표현.

① 家から学校までタクシーに乗ることがある。
집에서 학교까지 택시를 타는 경우가 있다.

② これだけ徹底的に準備していても、時として失敗することがある。
이만큼 철저히 준비해도 때에 따라서 실패하는 경우가 있다.

❺ 〜ようがない : ~하려고 해도 할 수가 없다 〈불가능〉

접속방법 「동사의 ます형」+ ようがない

➡ '그렇게 하고 싶지만 그 수단, 방법이 없어서 불가능하다'라고 말할 때 사용.

① あの人の住所も電話番号も分からないので、知らせようがありません。
그 사람의 주소도 전화번호도 모르기 때문에 알릴 방법이 없습니다.

② このラジオはもう部品がないから、直しようがない。
이 라디오는 이미 부품이 없기 때문에 고치려고 해도 할 수가 없다.

❻ 〜てもらいたい : ~해 주었으면 한다, ~해 주기를 바란다

접속방법 「동사의 て형」+ もらいたい

➡ 듣는 이 혹은 제 3자가 어떤 행위를 해 줄 것을 바랄 경우 사용.

① 春子にそばにいてもらいたい。
하루코가 곁에 있어주었으면 한다.

② 家族においしいものを食べてもらいたい。
가족에게 맛있는 것을 먹게 해주고 싶다.

1. 下から適当なものを選んで入れなさい。

> 夫　　観光スポット　　代表　　友達

① 今回の全国大会に我が校の柔道部が県の ＿＿＿＿＿＿＿ として出場することになりました。

② 斉藤さんがスペインで開催されたフラメンコ・コンクールで ＿＿＿＿＿＿＿ としてはじめて優勝したそうです。

③ 男性 ： ○○さん、ぼくと結婚してくださいませんか。

　女性 ： ごめんなさい。あなたは大好きなんですが、＿＿＿＿＿＿＿ としてこれからもお付合いしませんか。＿＿＿＿＿＿＿ としては考えられないんです。

2. （　）の言葉を使って「～ために」を使った文章を作りなさい。

① 彼はノートパソコンを ＿＿＿＿＿＿＿ 一生懸命貯金しています。(買う)

② 彼女は日本語の先生に ＿＿＿＿＿＿＿ 勉強をしています。(なる)

③ 私は ＿＿＿＿＿＿＿ 毎朝ジョギングをしています。(健康)

④ 来週結婚する ＿＿＿＿＿＿＿ プレゼントを準備しました。(田中さん)

⑤ 体の不自由な ＿＿＿＿＿＿＿ チャリティショーが開かれました。(子供たち)

3. 例のように文章を完成させなさい。

> 例　鍵がないので、中に入りたくても 入りようがありません 。

① 彼の住所も電話番号もわからないので、連絡が取りたくても

　　　　　　　　　　　　　　　　　　　　。

② 部屋が小さいのでピアノを置こうと思っても　　　　　　　　　　　　　　　　。

③ 停電なので本を読みたくても　　　　　　　　　　　　　　　　。

④ 運転免許証を持っていないので車があっても　　　　　　　　　　　　　　　　。

4　（　）の言葉を使って「〜てもらいたい」を使った文章を作りなさい。

① ちょっと　　　　　　　　　　　　　　ものがあるんだけど。(見る)

② ニックネームではなく名前を　　　　　　　　　　　　　んですが。　(呼ぶ)

③ あなたに　　　　　　　　　　　　ところがあるんですが。(連れて行く)

④ 先生に　　　　　　　　　　　　て、一生懸命勉強しました。(ほめる)

⑤ このかばん、ここに少し傷があるので　　　　　　　　　　　　んですが。
　(取り替える)

5　（　）の言葉を使って「〜ことが[も]ある」を使った文章を作りなさい。

① 普段は近くのスーパーで買い物をしますが、たまにはデパートに行って
　　　　　　　　　　　　　　　　もあります。(買う)

② 異常気象で4月中旬に　　　　　　　　　　　　　　　もあります。(雪が降る)

③ 私は釣りによく行きますが、全然　　　　　　　　　　　　　もありま
す。(釣れる)

④ 彼女のことが気になって、時々　　　　　　　　　　　　　　　があります。
　(眠れる)

⑤ 渓谷は急に天気が悪くなって雨が降ると　　　　　　　　　　　　　もあ
るので気をつけたほうがいいです。(危ない)

問題　次の文章を読んで、後の問いに対する答えとして最も良いものを
　　　１・２・３・４から一つ選びなさい。

5月8日 土曜日

　明日は母の日だ。それで、デパートへカーネーションとプレゼント
を買いに行った。
　デパート(ア)母の日のセールをしていて、母が好きそうな物がたく
さん並んでいた。毎年のイベントだから(イ)。日傘、エプロン、スカ
ーフなど大概の小物はあげてしまったので、いっぱいあっても困らな
い洋服を買うことにした。ピンクの花柄のTシャツだ。母はいつも地味
な服を着ているが、(ウ)派手な服を着た方がいいと言うし、(エ)派
手なものを選んだ。気に入ってもらえるとうれしいんだけど…。
　レジでは、母の日用のかわいい包装紙にカードと造花のカーネーシ
ョンもサービスでつけてくれた。
　家に帰ってからカードに「お母さん、いつもありがとう。いつまで
も元気でいてください。」とメッセージを書いて、机の上に置いてお
いた。
　いつもははずかしくて「ありがとう」なんてなかなか言えないか
ら、母の日があってよかったと思う。明日母はどんな顔をするかな。
想像するだけで何だか胸がどきどきする。

1 （ア）〜（エ）の（　　）には何を入れますか。

（ア）　1　が　　　　　　2　に　　　　　　3　には　　　　　　4　では

（イ）　1　選ぶのがおもしろかった　　　　2　選びやすかった

　　　　3　選ぶのに苦労した　　　　　　　4　選べなかった

（ウ）　1　年をとればとるほど　　　　　　2　地味な服を着れば着るほど

　　　　3　安ければ安いほど　　　　　　　4　太れば太るほど

（エ）　1　やっとのことで　　　　　　　　2　できれば

　　　　3　思い出して　　　　　　　　　　4　思い切って

2 この日記の内容と合っていないものはどれですか。

1　デパートでカーネーションとプレゼントを買った。

2　毎年母の日にはプレゼントをあげている。

3　今年はピンクの花柄のTシャツをあげるつもりだ。

4　普段口に出して言えないような言葉をカードに書いた。

デパート 백화점 ｜ **カーネーション** 카네이션 ｜ **プレゼント** 선물 ｜ **セール** 세일 ｜ **並 (なら)ぶ** 줄을 서다, 늘어서다 ｜ **選 (えら)ぶ** 고르다, 뽑다, 택하다 ｜ **苦労 (くろう)** 고생, 수고, 노고 ｜ **日傘 (ひがさ)** 양산 ｜ **エプロン** 앞치마 ｜ **スカーフ** 스카프 ｜ **大概 (たいがい)** 대개, 대강, 적당히 ｜ **小物 (こもの)** 자질구레한 도구, 부속품 ｜ **花柄 (はながら)** 꽃무늬 ｜ **地味 (じみ)** 수수함, 검소함 ｜ **派手 (はで)** 화려함, 야함, 야단스러움 ｜ **気 (き)に入 (い)る** 마음에 들다 ｜ **レジ** 금전 출납계 ｜ **包装紙 (ほうそうし)** 포장지 ｜ **造花 (ぞうか)** 조화 ｜ **メッセージ** 메시지 ｜ **想像 (そうぞう)** 상상 ｜ **胸 (むね)** 가슴 ｜ **どきどき** 두근두근

❶ ～に : ～과, ～에 〈병렬, 열거, 첨가〉

接続方法 「명사」＋に＋「명사」

① メロンにバナナにいちごが好きだ。
메론과 바나나와 딸기를 좋아한다.

② 朝食はトーストにミルクで十分だ。
아침식사는 토스트에 우유로 충분하다.

❷ ～てよかった : ～하길 잘했다, ～해서 다행이다

接続方法 「동사의 て형」＋よかった

① あなたに会えてよかった。
너를 만날 수 있어서 다행이다.

② 事故現場にいなくてよかった。
사고현장에 없어서 다행이다.

06

しつけ

しつけ

　先日子どもと一緒にレストランに行ったときのことです。注文をしたいので、子供にウェイターさんを呼ばせました。そしてどういう風に注文するのか見ていました。

　すると、「ねえねえ」と言いながら、手招きをして「ウェイター」と呼んだのです。大きい声で呼んだので、あわててやめさせました。本当にびっくりしました。でも、落ち着いて考えてみると、仕方がないなあと思いました。人をどう呼ぶのかを教えていなかったからです。「教えていないのに、呼べるわけがない」と思い、こちらが手本を見せることにしました。

　子供に日常生活の中で、行儀作法や礼儀作法を身につけさせることを「しつけ」といいます。でも子どもにはちゃんと親が手本を見せて教えるべきです。子どもは、親を見て育つのだということを改めて感じさせられました。本当に反省させられました。これからは子供の手本となるように率先してやっていかなければならないと思いました。

先日 (せんじつ) 전일, 요전(날) ｜ **手招 (てまね) き** 손짓으로 부름 ｜ **慌 (あわ) てる** 당황하다, 허둥거리다 ｜ **落 (お) ち着 (つ) く** 안정되다, 차분하다, 침착하다 ｜ **手本 (てほん)** 모범, 본보기 ｜ **行儀作法 (ぎょうぎさほう)** 행동거지의 예절 ｜ **礼儀作法 (れいぎさほう)** 예의범절 ｜ **身 (み) に付 (つ) ける** 몸에 걸치다, 몸에 지니다, (학문, 기술 등을) 익히다 ｜ **ちゃんと** 착실하게, 꼼꼼하게 ｜ **改 (あらた) めて** 다른 기회에, 다시, 새삼스럽게 ｜ **反省 (はんせい)** 반성 ｜ **率先 (そっせん)** 솔선 ｜ **育 (そだ) つ** 자라다, 성장하다 ｜ **耳 (みみ) にする** 듣다 ｜ **充実 (じゅうじつ)** 충실 ｜ **姿 (すがた)** 모습

　「子は親の鏡」とか「子は親の背中を見て育つ」とかという言葉をよく耳にします。子供に勉強をしてほしかったら、まず親が勉強を楽しまなければなりません。また、子供に運動をしてほしかったら、まず親が運動を楽しまなければなりません。そして子供に充実した人生を送ってほしかったら、まず親が充実した人生を楽しまなければならないのではないでしょうか。親が人生を楽しんでいる姿を見たら、子供は必ず人生はすばらしいものだと学習するにちがいありません。

❶ どうして子供にウェイターを呼ばせたのですか。

❷ あわててやめさせた理由は何ですか。

❸ 「しつけ」とは何ですか。

❹ 作者は何に反省したのですか。

❺ 子供は親に似るといった言葉には何がありますか。（2つ）

❻ 子供が人生はすばらしいものだと学習するためにはどうしなければなりませんか。

❶ ～わけがない : ~할 리가 없다, ~될 수가 없다

접속방법 「명사 + な · である / ナ형용사 어간 + な / イ형용사 · 동사의 보통형」
+ わけがない

○ 어떤 사실을 근거로 그 일이 성립하는 이유나 가능성이 없다고 강하게 주장할 경우 사용한다.
「~はずがない」와 바꿔 쓸 수 있다.

① 金さんは今、韓国にいるわけがない。 김 씨는 지금 한국에 있을 리가 없다.

② 普通のサラリーマンがこんな車を持っているわけがない。
평범한 샐러리맨이 이런 자동차를 갖고 있을 리가 없다.

❷ ～ことにする : ~하기로 하다

접속방법 「동사의 사전형 / 동사의 ない형」+ ことにする

○ 어떤 사건이 말하는 이가 주체적으로 정한 사실임을 나타내는 표현. 앞절의 내용이 말하는 사람의 의지로 선택할 수 없는 것일 경우에는 쓸 수 없다.

① 会議は6階の会議室で行うことにしました。
회의는 6층 회의실에서 하기로 했습니다.

② 来月パリに行くことにしました。 다음 달, 파리에 가기로 했습니다.

❸ ～べきだ : (당연히) ~해야 한다

접속방법 「동사의 사전형」+ べきだ　※「する」는「すべきだ」라고도 함

① みんなの意見を聞いてから、結論を出すべきだと思うよ。
모든 사람의 의견을 듣고 나서 결론을 내야 한다고 생각해.

② 親は子供の面倒を見るべきです。 부모는 아이를 돌봐야 한다.

③ 車を運転するには免許を[取るべきだ(×) / 取らなければいけない(O)]。
차를 운전하려면 면허를 취득하지 않으면 안 된다.

○ 「~なければならない」는 규칙이나 법률 등으로 정해져 있어 선택의 여지가 없는 의무적인 경우에 주로 사용한다. 반면 「~べきだ」는 이와 같은 경우에는 사용할 수 없으며 '~하는 것이 인간으로서의 의무다'라고 말하고자 할 때 쓰는 표현이다.

❹ 〜なければならない : 〜해야 한다, 〜하지 않으면 안 된다 〈의무〉

접속방법 「동사 ない형의 어간 + ければ / イ형용사의 어간 +くなければ / ナ형용사의 어간 +でなければ / 명사 + でなければ」+ ならない

◐ 회화체에서는 「〜なきゃならない」로 쓰이기도 한다.

① 強い薬は注意して使わなければならない。
독한 약은 주의해서 사용하지 않으면 안 된다.

② 私は今日の午後病院に行かなけらばならない。
나는 오늘 오후 병원에 가지 않으면 안 된다.

❺ 〜とか 〜とか : 〜라든가 〜라든가

접속방법 「명사 / イ형용사・ナ형용사・동사의 보통형」+ とか +「명사 / イ형용사・ナ형용사・동사의 보통형」+ とか

◐ 여러 사물 중에서 몇 개인가를 구체적인 예로 들 경우에 사용하는 표현으로, 예로 들지 않은 것도 있다는 것을 내포하고 있다.

① 月には空気とか水とかいうものはない。
달에는 공기라든가 물이라든가 하는 것은 없다.

② 私の休日は洗濯とか掃除とか片付けとかいった事で終わってしまいます。
나의 휴일은 세탁이라든지 청소라든지 정리라든지 하는 것으로 끝나버립니다.

❻ 〜てほしい : 〜했으면 좋겠다, 〜하길 바란다

접속방법 「동사의 て형 / 동사의 ない형 + で」+ほしい

◐ 상대방 혹은 제3자가 어떤 행위를 해 줄 것을 바랄 경우 사용.

① (春子に対して)春子に傍にいてほしい。
(하루코에 대해) 하루코가 곁에 있길 바래.

② 家族においしいものを食べてほしい。
가족에게 맛있는 것을 먹여주고 싶다.

1 例のように使役受身表現に変えなさい。

> 例
> 母は子供にピアノを習わせました。
> → 子供は母にピアノを習わせられました。

① 先輩は無理にお酒を飲ませました。

→ 。

② 先生は毎日学生に作文を書かせました。

→ 。

③ 帰りが遅くて、子供はお母さんを心配させました。

→ 。

2 正しい文章に○、正しくない文章にXをつけなさい。

① 授業が終わったら公園で遊びましょう。☐

② デパートへ行くと定休日だった。☐

③ 明日試験があったら、今晩は勉強しなさい。☐

④ バスに乗ったら30分で行けます。☐

⑤ 夕方になると散歩したほうがいいです。☐

3 下の動詞を使って「〜ことにする」を使った文章を完成させなさい。

> 取る　手伝う　やめる　始める　食べる　飲む

① たばこは健康によくないので　　　　　　しました。

② 太ってしまったので甘いものは　　　　　　しました。

③ 大学へは進学しないで父の仕事を　　　　　　しました。

4 例のように「～べきだ」の文章は「～なければならない」を使った文章に、「～なければならない」の文章は「～べきだ」を使った文章に変えなさい。

> **例**
> 約束は守るべきだ → 約束は守らなければならない。
> お年寄りには席を譲らなければならない → お年寄りには席を譲るべきだ。

① どんなに忙しくても予習、復習はするべきだ。

→ 　　　　　　　　　　　　　　　　　　　　　　　　　　　　。

② わからないことはそのままにしないで聞くべきだ。

→ 　　　　　　　　　　　　　　　　　　　　　　　　　　　　。

③ するべきことをしたあとで遊びなさい。

→ 　　　　　　　　　　　　　　　　　　　　　　　　　　　　。

④ 試験の前に注意しなければならない点を言いますのでよく聞いてください。

→ 　　　　　　　　　　　　　　　　　　　　　　　　　　　　。

5 空欄の中に適当な言葉を入れて、次の韓国語を日本語に直しなさい。

「～とか～とか」を使って

① 그는 사회 지위라든가 돈이라든가 별로 신경쓰지 않습니다.

彼は 　　　　　　　　　　　　　　　　あまり気にしません。

② 모처럼의 휴일이니까, 영화를 보든가 책을 읽든가 하는게 어때?

せっかくの休みなんだから、　　　　　　　　　　　　　　したらどう？

「～てほしい」を使って

③ 스즈키 씨 좀 더 천천히 말해주었으면 합니다만.

鈴木さん、もう少し 　　　　　　　　　　　　　　　ほしいんですが。

④ 부디 날씨도 맑고 즐거운 여행이 되시길 바랄게요.

どうか天気も晴れて 　　　　　　　　　　　　　　ほしいです。

問題　　次の文章を読んで、後の問いに対する答えとして最も良いものを
　　　　１・２・３・４から一つ選びなさい。

　　最近、私が住んでいるアパートのそばにコンビニエンス・ストアが
できた。コンビニエンス・ストアには、パンやおにぎり、お菓子など
の食料品から、洗剤、トイレット・ペーパー、歯ブラシなどの雑貨ま
で、生活に必要なものはほとんどそろっている。その上、年中無休、
２４時間（　ア　）、いつでも必要な時に買い物ができる。この店ができた
（　イ　）、夜遅く帰ってきたときでも買い物ができるようになった。
　　私のような一人暮らしの男性だけでなく、仕事で帰りが遅くなった
女性もパック入りのおかずや弁当を買っている。この店では、電気代
や電話代も払うことができる。それに、コピー機もあるし、ファック
スも送ることができるのでとても便利だ。　コンビニエンス・ストア
ができてから生活がとても便利になったような気がする。しかし、よ
いことばかりではない。夜、車やバイクで買い物に来る人が増えたた
め、うるさくて勉強ができなくなってしまった。エンジンを（　ウ　）店に
入ったり、店のまわりで大きな声でおしゃべりしたりする人がいるか
らだ。また、お菓子やアイスクリームを食べた後、ごみをどこにでも
捨ててしまうので、道が汚くなった。
　　コンビニエンス・ストアを利用する人は、近所迷惑にならないよう
に（　エ　）。

1 （ア）～（エ）の（　　　）には何を入れますか。

（ア）　1 あいているので　　　　　2 あいてあるので

　　　　3 しているので　　　　　　4 してあるので

（イ）　1 せいで　　　2 おかげで　　3 のに　　　　4 けれども

（ウ）　1 止めて　　　2 止めなくて　3 止めないで　4 止めながら

（エ）　1 気をつけてあげたい　　　　2 気をつけてもらいたい

　　　　3 気がつきてあげたい　　　　4 気がついてもらいたい

2 文章の内容と合っているものはどれですか。

1 コンビニエンス・ストアができて、夜遅く帰る人が増えてきた。

2 コンビニエンス・ストアができて、生活が便利になった。

3 コンビニエンス・ストアができて、勉強がよくできるようになった。

4 コンビニエンス・ストアができて、道がきれいになった。

コンビニエンス・ストア 편의점 ｜ **食料品（しょくりょうひん）** 식료품 ｜ **洗剤（せんざい）** 세제 ｜ **トイレット・ペーパー** 두루마리 휴지 ｜ **雑貨（ざっか）** 잡화 ｜ **揃（そろ）う** 갖추어지다 ｜ **年中無休（ねんじゅうむきゅう）** 연중무휴 ｜ **買（か）い物（もの）** 물건사기, 또는 그 물건 ｜ **一人暮（ひとりぐ）らし** 독신 생활 ｜ **おかず** 반찬, 부식물 ｜ **払（はら）う** 돈을 치르다, 지불하다 ｜ **コピー機（き）** 복사기 ｜ **ファックス** 팩스 ｜ **送（おく）る** 보내다, 배웅하다 ｜ **便利（べんり）** 편리 ｜ **ばかり** ～뿐, ～만 ｜ **バイク** 오토바이 ｜ **まわり** 주위, 근처, 주변 ｜ **ごみ** 쓰레기, 먼지, 티끌 ｜ **近所迷惑（きんじょめいわく）** 이웃에 폐를 끼침

❶ ～ようになる : ～하게 되다, ～할 수 있게 되다

접속방법 「동사의 사전형」+ ようになる

◐ 상황, 습관 등의 변화를 말할 때에 사용한다.

① 今まで漫画しか読まなかったが、このごろ本を読めるようになった。
지금까지 만화 밖에 읽지 않았지만, 요즘 책을 읽을 수 있게 되었다.

② 日本へ来た時には日本語は全然わからなかったが、今ではかなりわかるようになりました。
일본에 왔을 때는 일본어를 전혀 몰랐지만 지금은 꽤 알게 되었습니다.

❷ ～だけでなく: ～뿐만 아니라

접속방법 [명사 / 동사의 보통형] + だけでなく

◐ '～뿐만 아니라, 범위가 다른 곳에도 파급된다'라고 말하고자 할 때 사용한다. 비슷한 표현으로 「～ばかりでなく」가 있다.

① 私たちは 英語だけでなく、日本語や物理の授業も受けています。
우리들은 영어뿐만 아니라 일본어와 물리 수업도 듣고 있습니다.

② 田中さんは有名な弁護士であるばかりでなく、労働問題の活動家でもある。
다나카 씨는 유명한 변호사일 뿐만 아니라 노동문제 활동가이기도 하다.

◉ 사역(使役) 표현

사역표현이란 다른 사람에게 어떤 행위를 시키거나 허락해 줄 때 사용하는 표현이다.

1. 사역형 만들기

① 1그룹 동사(5단 동사) : 동사의 **ない형**+**せる**

② 2그룹 동사(1단 동사) : 동사의 **ない형** +**させる**

③ 3그룹 동사(불규칙 동사) : **する → させる 来る → こさせる**

2. 일본어 사역문의 종류

① 타동사 사역문

타동사가 사역표현이 되면 반드시 사람 2명이 등장하게 된다. 한 사람은 동작을 시키는 사람이 되고, 또 한 사람은 그 동작을 하는 사람이 된다. 동작을 하는 사람을 「に」로, 대상은 「を」로 나타낸다.

① 親が子供に仕事を手伝わせる。〈강제〉

② マイクを独り占めしないで僕にも歌わせてくれ。〈허가〉

② 자동사 사역문

자동사로 사역문을 만들 경우에는 동작을 하는 사람을 「に」로 하는 「ニ使役」과, 동작을 하는 사람을 「を」로 하는 「ヲ使役」이 있다.

① 親が子供に買い物を行かせる。〈허가〉

② 親が子供を買い物に行かせる。〈강제〉

③ 生徒が早退したいと言うので、先生は生徒を帰らせた。〈허가〉

◉ 조건 · 가정 표현

조건 · 가정 표현이란, 어떤 상황이 일어났을 때 그 결과로 인해 다른 상황이 일어난다고 하는 인과관계를 예측하는 표현이다. 이 코너에서는 일본어의 조건 · 가정 표현 중 「～と」와 「～たら」에 대해 살펴보겠다.

●「～と」

1. 항상 반복적으로 성립되는 관계

① 田中先生は教室に入ってくると、早速授業を始められました。

다나카 선생님은 교실에 들어오면, 곧 수업을 시작하십니다.

2. 앞절의 사실이 성립되면 뒷절의 사실도 필연적으로 성립될 때

① 3月の後半になると桜が咲き始めます。

3월 후반이 되면 벚꽃이 피기 시작합니다.

② まっすぐ行くと、右に銀行があります。

곧장 가면 오른쪽에 은행이 있습니다.

3. 발견, 연속동작의 경우

① 窓を開けると、冷たい風が入ってきた。

창문을 열자 찬 바람이 들어왔다.

② 窓を開けた。すると、涼しい風が入ってきた。

창문을 열었다. 그러자 선선한 바람이 들어왔다.

③ 鈴木さんはお酒を飲むと、いつも泣いた。

스즈키 씨는 술만 마시면 항상 울었다.

● 「〜たら」

1. 가정 조건으로 앞절 내용의 성립 여부를 알 수 없을 때

① もし女の子だったら、「ゆり」という名前をつけましょう。

만약 여자 아이면 '유리'라고 이름을 붙입시다.

② 明日雨が降ったら、遠足は延期になる。

내일 비가 오면 소풍은 연기된다.

2. 특정적, 일회적으로 일어난 우연한 사건 등에 사용

① デパートに行ったら、偶然、李さんに会った。

백화점에 갔다가 우연히 이 씨를 만났다.

3. 뒷절에 의지, 희망, 명령, 의뢰 등의 주관적인 표현이 올 경우

① 金さんに会ったら、よろしく伝えてください。 김 씨를 만나면 안부 전해주세요.

② お風呂に入ったら、すぐ寝なさい。 목욕하고 나면 바로 자거라.

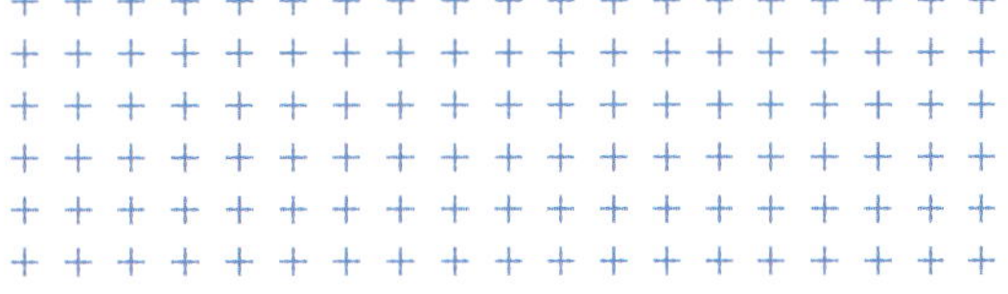学生アル
バイト

　韓国ではあまりアルバイトをしている高校生が見えないが、日本では高校生になると、夏休み限定であれ、毎日であれ、その内容には差があるが、ほとんどの学生がアルバイトを経験する。それはアルバイトなんかする暇があれば、単語の1つでも覚えろと考える韓国の親と、バイトもいい社会経験だと考える日本の親の考え方の違いからだろうと思う。どちらが正しいとは言えないが、どちらにも一長一短がある。

　確かにアルバイトをすると、精神的にも肉体的にも疲れるので、しっかり目標を持って計画を立てないと、たちまち体の欲に負けてしまう。だからといって、長い時間勉強したからといって、勉強の能率が上がるわけでもない。

アルバイト 아르바이트 ｜ 暇(ひま) 짧은 시간, 틈, 짬, 기회 ｜ 社会経験(しゃかいけいけん) 사회경험 ｜ 一長一短(いっちょういったん) 일장일단 ｜ 疲(つか)れる 지치다, 피로해지다 ｜ 目標(もくひょう) 목표 ｜ 計画(けいかく)を立(た)てる 계획을 세우다 ｜ たちまち 금세, 순식간에, 갑자기 ｜ 負(ま)ける 지다 ｜ 能率(のうりつ) 능률 ｜ 刺激(しげき) 자극 ｜ 息抜(いきぬ)き 일의 중간에 기분전환을 위하여 잠시 쉼, 한숨 돌림 ｜ 手(て)に付(つ)かない 일이 손에 잡히지 않다 ｜ 実行(じっこう) 실행 ｜ 意志(いし) 의지

　人間の脳も適度な刺激が必要なので、運動だと思って仕事をすると、適度な息抜きにもなるし、また勉強する時間が限られているので、集中力もアップする。それと何と言っても、自分の好きにできるお金が増えることが一番うれしいことであろう。しかし、それも度を過ぎると勉強が手につかなくなってしまう。そうなると、学生である意味がなくなってしまうだろう。

　どちらにしても、自分が何を目標にして、何をしていかないといけないのかを、はっきりと理解して、それを実行できる強い意志が必要だと思う。

❶ 韓国と日本ではどちらがよくアルバイトをしますか。

❷ 韓国の親は高校生がアルバイトに対してどう思っていますか。

❸ 日本の親は高校生がアルバイトに対してどう思っていますか。

❹ アルバイトの長所は何ですか。

❺ アルバイトの短所は何ですか。

❻ 作者は何が一番大切だと言っていますか。

❶ 〜であれ : 〜이든, 〜라고 할지라도

접속방법 「명사」 + であれ

① それが何であれ私は構わない。
그것이 무엇이든 나는 개의치 않는다.

② たとえ子供であれ悪いことは悪いのだ。
설령 아이라고 할지라도 나쁜 것은 나쁜 것이다.

❷ 〜なんか : 〜따위, 〜등

접속방법 「명사」 + なんか

➡ 「〜など」와 같은 의미로 사용되나 주로 회화체에서 사용하는 표현이다. 「〜なんて」도 사용할 수 있지만, 약간 여성적인 표현이다.

① ショパンのピアノ曲なんか好きですね。
쇼팽의 피아노곡 등을 좋아합니다.

② お金なんか要らない。 돈 따위 필요 없다.

❸ 〜てしまう : 〜해 버리다 〈완료〉, 〜하고 말다, 〜하게 되다 〈후회, 유감〉

접속방법 「동사의 て형」 + しまう

➡ 동작이 완료되었다는 것을 심리적으로 강조하고자 할 때, 말하는 사람의 난처한 기분을 나타낼 때 사용하는 표현이다. 후자의 경우 「〜てしまう」앞에 주로 무의지 동사가 온다.

① この宿題は簡単だったから1時間でやってしまった。
이 숙제는 간단해서 1시간 만에 해 버렸다.

② 先生が大事にしていた花瓶を落として割ってしまった。
선생님이 아끼던 화병을 떨어뜨려 깨버리고 말았다.

❹ 〜からといって : 〜라고 해서

접속방법 「명사・ナ형용사의 어간 ＋ だ / イ형용사・동사의 보통형」＋ からといって

➡ 「〜からといって」 앞절에서 내린 판단이 '늘 올바르지는 않다, 그렇지 않을 수 있다'라는 의미를 나타낸다. 문말에는 주로 부정 표현이 오는데 「〜わけではない・〜とは限(かぎ)らない・〜というわけではない」 등의 부분 부정 표현이 오는 경우가 많다.

① 大雨が降ったからといって、出発を見合わせるわけにはいかない。
큰 비가 내렸다고 해서 출발을 보류할 수는 없다.

② 安いからといって、何でも買ってはいけません。
싸다고 해서 무엇이든 사서는 안 된다.

❺ 〜わけでは[も]ない : 꼭 〜인 것만은[도] 아니다

접속방법 「명사 ＋ の・である / ナ형용사의 어간 ＋ な・である / イ형용사・동사의 보통형」＋ わけでは[も]ない

➡ 참고로 「〜わけがない・〜はずがない」는 '〜할 리가 없다'라는 의미로, 가능성 그 자체를 부정하는 표현이다. 예 彼女がそんなことを言うわけがない。(그녀가 그런 말을 할 리가 없다.)

① あなたの気持ちもわからないわけではない。
네 기분도 모르는 것은 아니다.

② 日本料理がきらいなわけではないが、今日はあまり食べたくない。
일본요리를 싫어하는 것은 아니지만, 오늘은 별로 먹고싶지 않다.

1 （　）の中に入るものを下から選んで文章を完成させなさい。

> 店は客でいっぱいだった　　いつかは死んでしまう　　とても上手に料理できる
> 元気であればそれでいい　　会社の規則を変えることはできない

① 人間であれ動物であれ　　　　　　　　　　　　　　　　。

② 平日であれ休日であれ　　　　　　　　　　　　　　　　。

③ 生まれてくる子が男であれ女であれ　　　　　　　　　　　　　。

④ 田中さんは日本料理であれフランス料理であれ　　　　　　　　　　　。

⑤ 社長であれ誰であれ　　　　　　　　　　　　　　。

2 例のように「なんか」を使って答えなさい。

> **例**　泣いているんですか。　→　いいえ、泣いてなんかいません。

① 学校をさぼったんですか。→いいえ、学校を　　　　　　　　　いません。

② うそをついているんですか。→いいえ、うそを　　　　　　　　　いません。

③ こんなうるさいところで勉強できますか。→いいえ、　　　　　　　　　でき
ません。

3 （　）の言葉を使って「〜てしまう」を使った文章を完成させなさい。

① 100ページもある小説を一晩で全部　　　　　　　　　　ました。(読む)

② 時間がないから、早く　　　　　　　　　ましょう。　(やる)

③ 滑ってころんで　　　　　　　　　　ました。(けがをする)

4 （　）の言葉を使って「～からといって」を使った文章を作りなさい。

①　＿＿＿＿＿＿＿＿＿＿＿＿＿＿、日本語を教えるのが上手だとは限りません。
（日本人）

②　＿＿＿＿＿＿＿＿＿＿＿＿＿＿＿、息子もサッカーがうまいというわけでは
ありません。（父親がサッカー選手だった）

③　＿＿＿＿＿＿＿＿＿＿＿＿＿＿、必ずしも美しくなれるとは限りません。
（高い化粧品を使った）

5 正しい方を選びなさい。

① 値段の高い物が必ずしも (おいしい ・ おいしくない) わけではありません。

② 日曜日はいつも (家にいる ・ 家にいない) というわけではなく、出かけること
もあります。

③ 学歴がないと (就職できる ・ 就職できない) わけではない。

④ こんなに一生懸命勉強しているのに (成績があがる ・ 成績があがらない) わけ
がない。

⑤ あんなに仲のいい夫婦が (離婚する ・ 離婚しない) わけがない。

⑥ お金があるからといって何でも (手に入る ・ 手に入らない) というわけではない。

問題　次の文章を読んで、後の問いに対する答えとして最も良いものを
　　　1・2・3・4から一つ選びなさい。

　　「おでん」は日本の代表的な料理であるが、（　ア　）同じ味かというと、そうではない。関西で育った人が関東の「おでん」を見て、その色に驚き、『この「おでん」のような料理は何ですか。』と聞いたそうだ。色がとても濃いので、違う料理だと思ったのである。

　　関東の「おでん」は色の濃いしょうゆと砂糖を基本にして味をつける。関東のしょうゆは複雑な味をもっていて、「だし」をたくさん（　イ　）十分においしい「おでん」を作ることができる。

　　（　ウ　）、関西の「おでん」は色の薄いしょうゆと「みりん」を基本にして味をつけ、「だし」をたっぷり入れる。

　　このように、同じ「おでん」でも、場所によってずいぶん違った食べ物になってしまう。ところで、関東の料理は味が濃いので、関西の料理に比べて塩分が多いように見られるが、実はそれほど違いはない。関東の料理も関西の料理も、西洋の料理に比べれば、ずっと塩からい。どちらも、（　エ　）を考えると、食べ過ぎないように気をつける必要がある。

1 （ア）〜（エ）の（　　）には何を入れますか。

（ア）　1 いつでも　　2 どこでも　　3 だれでも　　4 なんでも

（イ）　1 使っても　　2 使ったら　　3 使わなくても　4 使わないと

（ウ）　1 それに関して　　　　　　　2 それについて

　　　　3 それに対して　　　　　　　4 それによって

（エ）　1 健康　　　　2 味　　　　　3 体力　　　　4 病気

2　文章の内容と合っているものはどれですか。

1 「おでん」の味は関東も関西も同じである。

2 関東は色の薄いしょうゆを使い、関西は色の濃いしょうゆを使う。

3 関東の料理は味が濃いので関西の料理よりも塩分が多い。

4 関東の料理も関西の料理も、西洋の料理に比べれば塩分が多い。

代表的（だいひょうてき） 대표적 │ **驚（おどろ）く** 놀라다, 경악하다 │ **濃（こ）い** 진하다, (밀도가) 촘촘하다 │ **砂糖（さとう）** 설탕 │ **複雑（ふくざつ）** 복잡 │ **だし** 가다랑어 포・다시마・멸치 등을 삶아서 우려낸 국물 │ **薄（うす）い** 얇다, 연하다, (맛이)담백하다, 싱겁다 │ **たっぷり** 잔뜩, 듬뿍 │ **ずいぶん** 몹시, 아주, 대단히 │ **塩分（えんぶん）** 염분, 소금기 │ **塩辛（しおから）い** 짜다

❶ ～によって : ～에 따라서 〈대응, 변화〉, ～로, ～로써 〈수단〉,
　　　　　　　 ～때문에 〈원인 · 이유〉, ～에 의하여 〈수동문에서 동작의 주체〉

접속방법 「명사」 + によって

① 通勤時間が長いことによって睡眠不足になってしまう。
　통근시간이 길어짐에 따라 수면부족이 되어 버린다.

② E・メールによって、遠くにいる人にいろいろなことを知らせることができる。
　이메일로 멀리 있는 사람에게 여러 가지 일을 알릴 수 있다.

③ 休みの過ごし方は人によって違う。 휴일을 보내는 방법은 사람에 따라서 다르다.

④ このビルは安藤によって設計された。 이 빌딩은 안도에 의해 설계되었다.

❷ ところで : 그것은 그렇고 〈화제전환 접속사〉

① 暑くなりましたね。ところで、お母さんの具合はいかがですか。
　더워졌네요. 그건 그렇고, 어머님은 좀 어떠십니까?

② 毎日むし暑い日が続きますね。ところで、仕事の件ですが……。
　매일 찌는 듯한 더위가 계속되네요. 그건 그렇고, 업무건말인데요…….

❸ ～ 過(す)ぎる : (정도나 수준이 지나쳐) 너무 ～하다

접속방법 「동사의 ます형 / イ형용사 · ナ형용사의 어간」 + すぎる
　　➡ '～하는 일(것)이 바람직하지 않다'는 의미를 가지고 있다.

① あの人はたばこを吸いすぎますね。
　저 사람은 담배를 너무 많이 피우네요.

② この荷物は重すぎて私には持ち上げられない。
　이 짐은 너무 무거워서 내가 들 수가 없다.

08

野口英世の母

野口英世の母

　野口英世は梅毒や黄熱病の原因となる病原体の研究で世界的に有名になった細菌学者で、また研究をしていた黄熱病で亡くなった事でも有名です。平成16年11月には新千円札の顔にもなった偉人ですが、生まれは福島県の貧しい農家でした。

　「どんなことがあっても、おまえだけは一生安楽に養い通す。たとえこの母が食べるものを食べなくても」これは、野口英世のお母さんの言葉です。

　野口英世は一歳半のとき、お母さんがうっかり目を離したすきに、左手に大火傷を負ってしまいます。英世の家は貧しい農家だったので、病院に行くお金もありませんでした。二週間もの間、母が寝ずに看病をしたけれども、左手の指が癒着して、ゲンコツのようになってしまいました。そのとき、母が誓った言葉が上の言葉です。

梅毒 (ばいどく) 매독 ｜ 黄熱病 (おうねつびょう) 황열병 ｜ 病原体 (びょうげんたい) 병원체 ｜ 細菌学者 (さいきんがくしゃ) 세균학자 ｜ 偉人 (いじん) 위인 ｜ 貧 (まず) しい 가난하다, 부족하다, 빈약하다 ｜ 農家 (のうか) 농가 ｜ 安楽 (あんらく) 안락 ｜ 養 (やしな) う 양육하다, 기르다, 부양하다 ｜ ～通 (とお) す 끝까지 ～하다 ｜ 目 (め) を離 (はな) す 눈을 떼다, 한눈 팔다 ｜ 大火傷 (おおやけど) 큰 화상 ｜ 負 (お) う (짐 등을) 짊어지다, 지다, 업다, (책임·비난·상처 등을)받다, 입다 ｜ 癒着 (ゆちゃく) 유착 ｜ 拳骨 (げんこつ) 주먹 ｜ 誓 (ちか) う 맹세하다, 굳게 결심하다 ｜ 身 (み) を立 (た) てる 생계를 세우다, 입신 출세하다 ｜ 稼 (かせ) ぐ (돈 벌이를 위해) 부지런히 일하다, (일하여) 수입을 얻다, 벌다 ｜ 雑魚 (ざこ) 잡어, 여러 가지 자지레한 물고기 ｜ 荷物 (にもつ) 짐, 부담 ｜ 背負 (せお) う 짊어지다, 등에 업다, (책임 등을)떠맡다 ｜ 賃金 (ちんぎん) 임금 ｜ 栄光 (えいこう) 영광

　手が不自由な息子には農作業は無理だと思い、学問で身を立てていかなければならないと考えた英世の母は、学費を稼ぐために、一生懸命働きました。

　農作業を終えると、湖に出かけて小エビや雑魚を取りました。そしてそれを早朝から10キロ離れた村に売りに行きました。その上、二十キロの荷物を背負って山道を運ぶ仕事をしたりもしました。賃金が他の仕事の二倍だったからです。このような仕事を十年間も続けて英世を卒業させたと言います。

　世界的に有名な野口英世は、本人の努力や才能だけでは生まれませんでした。「私の栄光も勇気も、母の愛によるものです。」と英世自身が言ったように、野口英世は偉大な母の愛に支えられていたのです。

❶ 野口英世はどうして有名になりましたか。

❷ 野口英世がやけどをしたのはいつですか。

❸ 野口英世はどうして病院へ行けなかったのでしょうか。

❹ 野口英世のお母さんは英世の指が癒着してしまったとき、何と誓いましたか。

❺ 野口英世のお母さんはどのようにして息子の学費を稼ぎましたか。

❻ 世界的に有名になった野口英世を生み出したものは何ですか。

❶ たとえ ～ても : 가령 ～할지라도, 설령 ～라고 해도, 비록 ～하여도.

접속방법 たとえ ＋「동사의 て형 ＋ も / イ형용사의 어간 ＋ くても / ナ형용사의 어간 ＋ でも / 명사 ＋ でも」

○ 어떤 조건을 가정하고, 그 조건과 관계없이 ても뒤에 말하는 사건이 그 조건에 구속되지 않음을 말하고자 할 때 사용하는 표현이다. 「～ても」 외에 「～とも・～しようが」 등을 사용하기도 한다. 이 경우, 「～ても」는 전형적으로 '가정적인 역접'을 나타낸다. 이와 같은 가정적 역접인 경우 「たとえ」 「もし」 「万が一」 「疑問語(詞)」 등의 '가정'을 나타내는 부사와 함께 사용할 수 있다.

① たとえそれが本当だとしてもやはり君が悪い。
가령 그것이 정말이라고 하더라도 역시 자네가 나쁘다.

② たとえ除名されようが正しいことは言う。
설사 제명당하는 한이 있더라도 바른 말은 하겠다.

③ たとえ我が身がどうなろうとも、約束は守る。
비록 내가 어떻게 된다 하더라도 약속은 지키겠다.

④ 万が一のことがあっても私がいるから大丈夫ですよ。
만일의 경우가 있더라도 내가 있으니까 괜찮습니다.

⑤ このコップはどんな衝撃を与えても割れない。
이 컵은 어떤 충격이 가해져도 깨지지 않는다.

❷ ～すきに : ～하는 틈에, ～하는 동안에

○ 어떤 일이 계속되고 있는 동안에 다른 일이 일어난 경우에 사용한다. 이 경우 그 시점에서 주체는 그것을 인식하고 있지 않다. 비슷한 표현으로 「～うちに」 「～間に」가 있다.

① 子供が寝ているすきに友達に電話した。
아이가 자고 있는 틈에 친구에게 전화했다.

② 音楽を聴いているうちに眠ってしまった。
음악을 듣고 있는 동안에 잠들어버렸다.

③ 友達とおしゃべりをしている間にバスは出てしまった。
친구와 수다를 떨고 있는 동안에 버스는 떠나버렸다.

❸ 〜ように : ~같이

◐ 어떤 사항을 구체적으로 예시(例示)하는데 사용한다.

① 北海道のように寒い地方は春と夏がいっしょに来る。
북해도와 같은 추운 지방은 봄과 여름이 함께 온다.

② コーラのような冷たい飲み物がほしい。
콜라와 같은 차가운 음료가 마시고 싶다.

③ サッカーやラグビーのような激しい運動は私には向かない。
축구나 럭비와 같은 격한 운동은 나에게는 맞지 않는다.

❹ その上(うえ) : 뿐만 아니라, 게다가

◐ 복수(複數)의 사물이나 사항을 덧붙이거나 첨가해서 나열할 때에 사용한다. 「そして・それから」와 비슷한 의미를 갖지만, 좀 더 강조적인 감정을 담아서 덧붙이는 경우에 사용한다.

① 彼は頭がいい。そのうえ、性格もいい。
그는 머리가 좋다. 뿐만 아니라 성격도 좋다.

② 美知子は美人でスタイルがいい。そのうえおしゃれに敏感だ。
미치코는 미인이고 스타일이 좋다. 게다가 멋에 민감하다.

1 （　）の言葉を使って「たとえ〜ても」を使った文章を作りなさい。

① 　　　　　　　　　　　　　　、サッカーの試合はあります。(雨が降る)

② 彼女が 　　　　　　　　　　　　、僕は最後まで彼女を信じます。
（うそをついている）

③ 　　　　　　　　　　　　　　、彼さえいれば幸せです。(お金がない)

④ 　　　　　　　　　　　　　　、この仕事は成し遂げようと思っています。
（一生かかる）

⑤ 　　　　　　　　　　　　　　、私は絶対許しません。(泣いて謝る)

2 「〜ても」、「〜でも」を使って二つの文章を一つの文章にしなさい。

① 野菜が嫌いです。食べたほうがいいです。
→ 　　　　　　　　　　　　　　　　　　。

② 約束の時間になりました。 田中さんは来ませんでした。
→ 　　　　　　　　　　　　　　　　　　。

③ 薬を買って飲みました。熱はさがりませんでした。
→ 　　　　　　　　　　　　　　　　　　。

④ これから行きます。 間に合わないでしょう。
→ 　　　　　　　　　　　　　　　　　　。

⑤ 急ぎません。間に合いますよ。
→ 　　　　　　　　　　　　　　　　　　。

3 空欄の中に入る適当な言葉を下から選んで、文章を完成させなさい。

> きのう　　毎日　　家族　　子供　　チョコレート

① 寝る前には 　　　　　　　　 のように甘いものは食べないほうがいいです。

② 今日も 　　　　　　　　 のように帰りが遅くなると思います。

③ 大人は 　　　　　　　　 のように外国語を習得することはできない。

④ 私は 　　　　　　　　 のように日本語のニュースを聞いています。

⑤ これからも 　　　　　　　　 のように助け合って生きていきましょう。

4 次の文章に続く文章を下から選びなさい。

> しかもおいしい食べ物がたくさんあります。
> さらに作曲の才能もあります。
> そのうえ友達と旅行に行ってしまいました。
> おまけにサービスもいいので人気があります。
> さらに怪我をして入院してしまいました。

① 彼は試験前なのに全く勉強していません。 　　　　　　　　　　　　　。

② そのレストランは食事がとてもおいしいです。 　　　　　　　　　　　　　。

③ 北海道は景色がとても美しいです。 　　　　　　　　　　　　　。

④ 彼は試合に負けてしまいました。 　　　　　　　　　　　。

⑤ 彼女は歌がとても上手です。 　　　　　　　　　　　。

問題　次の文章を読んで、後の問いに対する答えとして最も良いものを
　　　１・２・３・４から一つ選びなさい。

　音楽とは本当におもしろい（　ア　）だ。ある音楽を聞いたら、楽しい気持ちになり、またある音楽を聞くと切ない気持ちにもなる。また、忘れていたことも、音楽を聞いている（　イ　）、思い出すこともある。そんな音楽について少し考えてみようと思う。

　音楽は音と音のつながりやハーモニーなどによって作られる。ベートーベンやバッハなど誰もが知っている有名な音楽家はそれらの組み合わせを作るのにとても優れた才能を持っていると言えるだろう。自分の心の中にある思いを音にして表現する。ある時は激しく、ある時はやさしく、またある時は情熱的に……そしてその世界にはまっていく。そんな音楽に魅了されてしまうと、もう音楽（　ウ　）生きていけなくなるそうだ。

　音楽は、クラシックだけでなく、ジャズ、バンドなどはもちろん、子供が歌う童謡、お父さんが一杯飲みながら歌う鼻歌やお母さんの子守歌も立派な音楽だし、見方を変えると、波の音、川のせせらぎ、車の騒音や市場のおじさんの声もすべて音楽と言えるかもしれない。そうなると、私たちはいつも音楽と共に生きているといっても過言ではない。

1 （ア）～（ウ）の（　　）には何を入れますか。

（ア）　1 こと　　　　2 もの　　　　3 の　　　　　4 はず

（イ）　1 ときに　　　2 中で　　　　3 うちに　　　4 までに

（ウ）　1 では　　　　2 とは　　　　3 あっては　　4 なしでは

2 下線部の「それらの組み合わせ」の「それら」とは何ですか。

1 楽しい気持ちや切ない気持ちなど

2 音と音のつながりやハーモニーなど

3 ベートーベンやバッハなど

4 クラシックやジャズ、バンドなど

3 文章の内容と合っていないものはどれですか。

1 ある音楽を聞いていると忘れていたことを思い出したりする。

2 有名な音楽家は自分の心の中にある思いを音にすることができる。

3 車の騒音や市場のおじさんの声はうるさくて音楽だと言えない。

4 私たちの身近にはいろいろな音楽がある。

楽（たの）しい 즐겁다, 재미있다 ｜ 気持（きも）ち 기분, 심정, 마음, 몸의 상태 ｜ 切（せつ）ない 괴롭다, 안타깝다, 애절하다 ｜ 思（おも）い出（だ）す 생각해 내다, 생각나다 ｜ つながり 연결, 관계, 유대 ｜ ハーモニー 하모니, 조화 ｜ ベートーベン 베토벤 ｜ バッハ 바흐 ｜ 優（すぐ）れる (능력・기량・가치・용모 등이) 뛰어나다, 우수하다 ｜ 激（はげ）しい 심하다, 세차다, 격렬하다 ｜ 情熱的（じょうねつてき）정열적 ｜ はまる (구멍・틀 등에) 꼭 끼이다, 꼭 들어맞다, (깊은 곳에) 빠지다, (나쁜 상태에) 빠져들다, 걸려들다, 속다 ｜ 魅了（みりょう）매료, 마음을 사로잡음 ｜ クラシック 클래식 ｜ ジャズ 재즈 ｜ バンド 밴드 ｜ 童謡（どうよう）동요 ｜ 鼻歌（はなうた）콧노래 ｜ 子守歌（こもりうた）자장가 ｜ 立派（りっぱ）훌륭함, 아주 뛰어남, 당당함, 더할 나위 없음 ｜ 見方（みかた）보는 방법, 견해 ｜ せせらぎ 작은 시냇물, 또는 졸졸 흐르는 소리 ｜ 騒音（そうおん）소음 ｜ 過言（かごん）과언

❶ ～とは : ～라는 것은, ～은

접속방법 「명사」+ とは

⟳ 어떤 명사의 본질적인 특징, 의미, 정의 등에 대하여 말할 때 사용하는 표현이다.

① これからの韓国で求められる福祉の形態とはどのようなものだろうか。
앞으로 한국에서 요구되어지는 복지형태라는 것은 어떠한 것일까?

② あんな素晴らしい作品を書かれるとは、天才ですね。
그런 훌륭한 작품을 그리시다니, 천재이십니다.

❷ ～うちに : ～하는 동안에, ～하기 전에

접속방법 「동사의 사전형 · 동사의 て형 + いる · 동사의 ない형」+ うちに
「명사 +の/イ형용사의 사전형/ナ형용사의 어간 + な 」+ うちに

⟳ 주로 「～ているうちに」의 형태로 어떤 상태 · 동작이 계속되고 있는 동안에 예상치 못한 변화가 일어나는 것을 나타낸다.

① 音楽を聴いているうちに眠ってしまった。
음악을 듣고 있는 동안에 잠들어버렸다.

② 暗くならないうちに、家へ帰りましょう。
어두워지기 전에 집으로 돌아갑시다.

❸ ～はもちろん : ～은 물론, ～은 말할 것도 없이

접속방법 「명사」+ はもちろん

① 彼は日本語はもちろん、英語、フランス語もドイツ語もできる。
그는 일본어는 물론, 영어와 프랑스어도 독일어도 할 수 있다.

② 外国へ留学するなら、言葉はもちろん文化や習慣も学んでほしい。
외국에서 유학을 한다면, 언어는 물론 문화와 관습도 배우길 바란다.

09

スミスさんの手紙

09 スミスさんの手紙

ブラウンさんへ

　お元気ですか。日本に着てからもう3ヶ月経ちました。本当に早いです。今、私は中村さんという人の家でホームステイをしながら、大学で日本語を勉強しています。中村さんの家は、お父さんとお母さんと息子さんの3人家族です。皆英語が少し分るので、初めは英語を使っていましたが、今は日本語だけで話しています。

　息子さんの一君は大学の2年生で、一週間に3日家庭教師のアルバイトをしています。アルバイトをしながら勉強するのは大変だろうと思いましたが、日本の大学はアメリカの大学より宿題がずっと少ないので大丈夫だと一君が言っていました。日本の大学生はアメリカの大学生ほどあまり勉強しません。週末だけでなく、普通の日でもよくお酒を飲んだり、コンサートへ行ったりして遊びます。

経 (た) つ (시간・세월이)지나다, 흐르다 ｜ **早 (はや)い** 빠르다 ｜ **ホームステイ** 홈스테이 ｜ **アルバイト** 아르바이트 ｜
コンサート 콘서트 ｜ **連 (つ)れる** 데리고 가다(오다), 동반하다 ｜ **気 (き)を付 (つ)ける** 조심하다, 주의하다, 정신차리다

　一君の話では、日本人は大学受験のために一生懸命勉強するし、会社に入ったら入ったで一生懸命仕事をするので、大学の4年間はよく遊ぶんだそうです。アメリカとずいぶん違いますね。

　今度の夏休みに私の両親が日本に遊びに来るかも知れません。両親が来たら日本は初めてなのでいろいろなところへ連れていってあげようと思っています。ブラウンさんは夏休みに何をするつもりですか。予定を教えてください。

　これから暑くなりますが、お体に気を付けてください。

4月 28日
スコット スミス

❶ これは誰から誰への手紙ですか。

❷ スミスさんは初めは中村さんの家で英語を使っていましたが、どうしてですか。

❸ 一君はどんなアルバイトをしていますか。

❹ 日本の大学生はどうしてあまり勉強しませんか。

❺ スミスさんは両親が日本へ来たら何をしようと思っていますか。

❻ スミスさんはブラウンさんが夏に何をするか知っていますか。

❶ 〜てから : 〜하고 나서

접속방법 「동사의 て형」+ から

➡ 일, 사건 등이 연속해서 일어나는 것을 나타내는 표현으로, 앞절의 사건이 일어나고 나서 뒷절의 사건이 일어나는 것을 나타낸다. 비슷한 표현으로 「〜あとで」가 있다.

① 吉田さんが帰ってから山本さんが来ました。
요시다 씨가 돌아오고 나서 야마모토 씨가 왔습니다.

② 彼女が会社に戻ってから、彼は帰った。
그녀가 회사에 돌아오고 나서 그는 돌아갔다.

③ 仕事が終わった後で、韓国料理を食べに行きましょう。
일이 끝난 후에 한국요리를 먹으러 갑시다.

❷ 〜だけ : 〜만 〈한정 조사〉

접속방법 「명사」+ だけ

① 大学1年生のときは中国語だけを勉強しました。
대학 1학년 때는 중국어만을 공부했습니다.

② 他の試験はだめだったが、数学だけはよくできた。
다른 시험은 망쳤지만, 수학만은 잘 봤다.

③ まだ小学生なんだから、交通費だけあれば十分だ。
아직 초등학생이니까 차비만 있으면 충분하다.

❸ 〜は〜ほど〜ない : 〜은 〜만큼 〜아니다

○ 정도가 비슷한 두 개의 사항을 비교할 경우 사용하는 표현.

① 英語は日本語ほど上手じゃありません。
영어는 일본어만큼 능숙하지 않습니다.

② 今年はいつもほど暑くはない。
올해는 여느 때만큼 덥지는 않다.

❹ 〜かもしれない : 〜일지도 모른다, 〜일 수도 있다

접속방법 「名詞 / イ形容詞・ナ形容詞・動詞의 보통형」 + かもしれない

○ '그러할 가능성이 있다'라는 생각을 나타내는 표현으로, 대개 「もしかすると」 「ひょっとすると」 등의 부사와 함께 사용하며 비슷한 표현으로 「〜おそれがある」 「〜かねない」 등이 있다.

① あの人はもしかすると田中さんの弟さんかもしれない。
저 사람은 어쩌면 다나카 씨의 남동생일지도 모른다.

② ひょっとするとあの人は昔、画家だったのかもしれない。
어쩌면 저 사람은 예전에 화가였는지도 모른다.

1 例のように「〜は〜ほど〜ない」の文章に変えなさい。

> 例　1月より2月のほうが寒いです。 → 1月は2月ほど寒くありません。

① 九州より北海道のほうが広いです。

→ 　　　　　　　　　　　　　　　　　　　　　　　　。

② 月曜日より火曜日のほうが暇です。

→ 　　　　　　　　　　　　　　　　　　　　　　　　。

③ 山田さんよりが田中さんのほうが太っています。

→ 　　　　　　　　　　　　　　　　　　　　　　　　。

2 例のように「〜し」を使って次の二つの文を一つにしなさい。

> 例　彼はとてもかっこいいです。人気者です。
> → 彼はとてもかっこいいし、人気者です。

① アナウンサーの発音はとてもきれいです。わかりやすいです。

→ 　　　　　　　　　　　　　　　　　　　　　　　　。

② 雨も降ってきました。今日の練習はこれで終わりにしましょう。

→ 　　　　　　　　　　　　　　　　　　　　　　　　。

③ 娘はご飯も食べません。熱もあったので学校を休ませました。

→ 　　　　　　　　　　　　　　　　　　　　　　　　。

3 空欄の中に入る適当な言葉を下から選んで、文章を完成させなさい。

> 売っています　買いました　来ませんでした　話します　休みましょう

① 日本語の先生は日本語だけで 　　　　　　　　　　　　　　。

② この商品はあの店にだけ 　　　　　　　　　　　　　　。

③ 疲れたでしょう。10分だけ 　　　　　　　　　　　　　　　　。

④ お金がないのでスーパーで牛乳だけ 　　　　　　　　　　　　　　　　。

⑤ みんな来ましたが、山田さんだけ 　　　　　　　　　　　　　　　　。

4 例のように「〜かもしれない」を使った文章に変えなさい。

> **例** 明日は寒いと思います。→ 明日は寒いかもしれません。

① 田中さんがさっき財布をさがしていたのでこの財布は田中さんのだと思います。

→ 　　　　　　　　　　　　　　　　　　　　　　　　　　　。

② 北海道は夏でも朝冷えるので長袖を持っていったほうがいいと思います。

→ 　　　　　　　　　　　　　　　　　　　　　　　　　　　。

③ 私は将来歌手になりたいんですが、両親が反対すると思います。

→ 　　　　　　　　　　　　　　　　　　　　　　　　　　　。

④ 外国に娘を一人で送るのは心配だと思います。

→ 　　　　　　　　　　　　　　　　　　　　　　　　　　　。

⑤ 今日は運動会だったのでとても疲れたと思います。

→ 　　　　　　　　　　　　　　　　　　　　　　　　　　　。

5 （　）の単語を意向形にして「〜しようと思う」を使った文章を作りなさい。

① 日本に行く前に日本語を一生懸命 　　　　　　　　　 と思います。
（勉強する）

② 田中さんは将来何に 　　　　　　　　　 と思っていますか。　（なる）

③ 宝くじに当たったら、新しい家を 　　　　　　　　　 と思っています。
（建てる）

④ 夏休みには家族と一緒に海へ 　　　　　　　　　 と思います。（行く）

⑤ 今日は早く家に帰って 　　　　　　　　　 と思います。　（休む）

問題　　次の文章を読んで、後の問いに対する答えとして最も良いものを
　　　　1・2・3・4から一つ選びなさい。

　　今日は本当についていない一日だった。朝6時に起きようと思って、
きのうの夜目覚まし時計を（　ア　）、まちがって7時に合わせていたの
だ。朝から大騒ぎ。7時15分には家を出ないといけない（　イ　）、目を
覚ましたのが7時。どうやって15分で支度をしたらいいのか。急いで
顔を洗い、化粧もせず、家を出た。駅まで一生懸命走り、なんとか電
車に間に合った。しかし、何か忘れ物をしたような気がする。かばん
を見るとやっぱり……ケータイを置いてきてしまった。今から家に戻
ることもできないのであきらめることにした。
　　会社まで電車で1時間かかる。電車の中は人が多くて座ることもで
きない。でも、いつものことなので、慣れている。しかし、今日は、
電車が揺れた拍子に、前に立っていた女性に足をふまれてしまった。
思わず「痛い」と声が出るくらい痛かった。前の女性が先のとがった
ハイヒールをはいていたのだ。電車を降りて、踏まれたところを見て
みると、少し血が出ていた。時間通りに駅に着いたので、余裕もあ
り、薬局で薬を買うことにした。（　ウ　）、お金を払おうとしたところ、
さいふがない。さっき電車に乗るときには確かにあったのに。電車の
中ですられたにちがいない。警察に届けたが財布が戻ってくるかどう
かはわからないそうだ。

警察に行ったりしていたので、時間もずいぶんかかってしまったが、ケータイがないので会社に連絡もできない。結局会社にも遅刻。部長にはおこられるし、残業までしなければならなくなった。同僚にお金を（　エ　）、何とか家に帰った。気分は最悪。本当に散々な一日だった。

1　(ア)～(エ)の（　　）には何を入れますか。

(ア)　1　かけていたが　　　　　　2　かけてあったが
　　　　3　かけておいたが　　　　　4　かけてあるが

(イ)　1　のに　　　2　が　　　　3　から　　　　4　ため

(ウ)　1　ところで　　2　ところが　　3　そこで　　　4　それで

(エ)　1　貸して　　　　　　　　　2　貸してくれて
　　　　3　貸してあげて　　　　　　4　借りて

2　文章の内容と合っていないものはどれですか。

1　この人は今日朝7時に起きた。
2　この人は今日ケータイを持たずに会社へ行った。
3　朝足から少し血が出ていたので薬局で薬を買った。
4　すられた財布が戻ってくるかどうかはわからない。

ついていない 운이 나쁘다 ｜ **目覚(めざ)まし時計(どけい)** 자명종 ｜ **大騒(おおさわ)ぎ** 대소동, 큰소동 ｜ **支度(したく)** 채비, 준비 ｜ **諦(あきら)める** 단념하다, 체념하다 ｜ **慣(な)れる** 습관이 되다, 익숙하다 ｜ **揺(ゆ)れる** 흔들리다, 요동하다 ｜ **～した拍子(ひょうし)に** ～한 순간에, ～한 바람에 ｜ **尖(とが)る** 뾰족해지다, 날카로워지다, 예민해지다 ｜ **薬局(やっきょく)** 약국 ｜ **掏(す)る** 소매치기하다 ｜ **残業(ざんぎょう)** 잔업 ｜ **同僚(どうりょう)** 동료 ｜ **散々(さんざん)** 몹시 심한 모양, 아주 나쁜 모양

❶ なんとか : 어떻게든, 어떻게든 해서라도

① この件はこれからどうなるか心配ですが、なんとかなるでしょう。
이 건은 지금부터 어떻게 될지 걱정입니다만, 어떻게든 되겠지요.

② あれはなんとかして手に入れたい。
저것은 어떻게든 해서라도 손에 넣고 싶다(갖고 싶다).

❷ ～たところ : ～했더니, ～했는데

접속방법 「동사의 た형」＋ ところ

○ 어떤 일을 한 결과, '이러한 상황이 되었다' 또는 '이런 새로운 것을 알았다'라는 것을 말하고자 할 때 사용하는 표현이다. 비슷한 표현으로 「～たら ～た」가 있다.

① 先生にうかがったところ、試験範囲は30課までだそうです。
선생님께 찾아가보았더니 시험범위는 30과까지라고 합니다.

② 空港に電話をして聞いてみたところ、ソウル行きの飛行機は気象悪化のため運航中止になったそうだ。
공항에 전화해서 물어보았더니 서울행 비행기는 기상악화로 인해 운항이 중지되었다고 한다.

◉ 수동(受身) 표현

능동(能動) 표현은 행위를 하는 사람을 주어로 하여, 자신의 의지와 힘으로 행위를 하는 것을 나타낸다. 반면, 수동 표현은 자신이 관계하지 않았으나 자신에 대해 어떤 동작이 이루어져버린다는 것을 나타낸다. 즉, 행위를 하는 사람이 아니라 행위를 받거나 당하는 사람을 주어로 해서 문장을 서술하는 표현이다.

1. 수동형 만들기

① 1그룹 동사 (5단 동사) : 동사의 **ない**형 + **れる**

② 2그룹 동사 (1단 동사) : 동사의 **ない**형 + **られる**

③ 3그룹 동사(불규칙 동사) : **する → される**　**来る → 来られる**

2. 일본어 수동문의 종류

1) 직접수동(直接受身)

능동문의 목적어가 수동문의 주어가 되어 동사의 행위를 직접적으로 받는 것을 나타낸다. 직접수동은 타동사로만 만들 수 있다. 직접수동에는 사람이 주어가 되는 경우와 사물이 주어가 되는 경우가 있다.

능동문	수동문
父が私をほめた。 東京で会議を開いた。	私は父にほめられた。 会議は東京で開かれた。

2) 간접수동(間接受身)

능동문의 목적어를 수동문의 주어로 사용할 수 없으며, 능동문에 없는 명사가 수동문의 주어가 되기도 한다. 간접수동은 우리말의 경우와 달리 자동사로 만드는 경우도 있다.

① 소유자 수동(持ち主の受身)−타동사 수동
신체 부분이나 소유물에 관계된 소유주가 수동문의 주어가 된다. 말하는 이와는 무관하게 이루어진 행동.

능동문	수동문
誰かが私の足を踏んだ。 子供が私のカメラをこわした。 東側の人が五階建ての家を建てた。	私は電車の中で足を踏まれた。 私は子供にカメラをこわされた。 東側の人に五階建ての家を建てられた。

② 피해 수동(迷惑の受身)–자동사 수동
대개 말하는 이가 어떤 사태, 사건으로 피해(성가심, 곤혹스러움 등)를 입은 경우나, 간접적으로
마이너스적인 영향을 받은 경우를 나타낸다. 다른 말로「被害の受身」라고도 한다.

능동문	수동문
子供が一晩中泣いた。	私は一晩中子供に泣かれて、困った。

◉ 의지형(意向形)

「～(よ)う」「～(よ)うと思う」「～(よ)うと思っている」「～つもりだ」 등의 형태로 표현하며 다음과
같은 경우에 사용한다.

- **독백의 의지 표현이나, 상대방에게 권유하는 경우**

  行こう 가야지, 가겠지 / 行こう 가자

- **자신이 어떤 행위를 할 의지가 있다는 것을 듣는 사람에게 전할 경우**

  1. 지금 막 결심한 의지를 표명할 때 : ～(よ)うと思う
     行こうと思う。 가려고 생각한다.

  2. 의지를 일정기간 유지하고 있는 경우 : ～(よ)うと思っている, ～つもりだ
     明日は会社を休もうと思っています。
     내일은 회사를 쉬려고 생각하고 있습니다.

     私は今年、大学へ進学するつもりです。
     나는 올해 대학에 진학할 생각입니다.

10

食べ物

1. ～ごとに
2. ～みたいだ
3. ～ことから
4. ～を通(とお)して

10 　食べ物

　春は竹の子、えんどう豆、ほろ苦い春野菜。夏はトマトにきゅうり、甘いすいか。秋は新米、脂がのったさんま、さつま芋。冬は白菜、大根、たらなどその季節ごとに一番おいしい食べ物があります。それを旬というんですが、その時期になると、市場やスーパーの店頭にたくさん並んで、おいしくて安くて、しかも栄養価が高いです。

　また、昔から伝わっている食べ物の組み合わせ。これにはちょっとした魔法がかかっています。例えば、さんまと大根おろしは、魚の焦げを大根が無毒にしてくれたり、ビールと枝豆は、枝豆が肝臓を保護してくれたりします。豚カツにキャベツ、竹の子にわかめ、ほうれん草にごまなどもいい組み合わせのひとつです。逆に天ぷらにすいか、ウナギに梅干しなどは一緒に食べるとよくないと言われています。食べ物も人間みたいに個性があって相性があるのでおもしろいですね。

竹(たけ)の子(こ) 죽순 ｜ えんどう豆(まめ) 완두 ｜ ほろ苦(にが)い 약간 씁쓸레하다 ｜ 新米(しんまい) 햅쌀 ｜ 脂(あぶら) 지방 ｜ さんま 꽁치 ｜ さつま芋(いも) 고구마 ｜ 白菜(はくさい) 배추 ｜ 大根(だいこん) 무 ｜ たら 대구 ｜ 季節(きせつ) 계절 ｜ 旬(しゅん) 제철, 맛이 가장 좋은 시기, 무슨 일을 하기에 알맞은 시기 ｜ 店頭(てんとう) 가게 앞 ｜ 栄養価(えいようか) 영양가 ｜ 伝(つた)う 전하다 ｜ 組(く)み合(あ)わせ 짜맞추기 ｜ 魔法(まほう) 마법 ｜ 大根(だいこん)おろし 무즙 ｜ 焦(こ)げ 타서 눌음 ｜ 無毒(むどく) 무독 ｜ 枝豆(えだまめ) 풋콩, 또는 그것을 삶은 것 ｜ 肝臓(かんぞう) 간장, 간 ｜ 保護(ほご) 보호 ｜ 豚(とん)カツ 돈가스 ｜ キャベツ 양배추 ｜ わかめ 미역 ｜ ほうれん草(そう) 시금치 ｜ ごま 깨 ｜ 逆(ぎゃく)に 반대로 ｜ 天(てん)ぷら 튀김 ｜ ウナギ 뱀장어 ｜ 梅干(うめぼ)し 매실 장아찌 ｜ 個性(こせい) 개성 ｜ 相性(あいしょう) 궁합 ｜ 出来上(できあ)がる 완성되다 ｜ 色鮮(いろあざ)やか 선명함 ｜ 丸(まる) 원 ｜ 三角(さんかく) 삼각 ｜ 四角(しかく) 사각 ｜ 引(ひ)き立(た)てる 이끌어주다 ｜ 器(うつわ) 그릇 ｜ 広(ひろ)がる 넓어지다 ｜ 芸術(げいじゅつ) 예술 ｜ 健康(けんこう) 건강 ｜ 五感(ごかん) 오감 ｜ 感(かん)じる 느끼다 ｜ 喜(よろこ)び 기쁨 ｜ 幸(しあわ)せ 행복 ｜ 与(あた)える 주다 ｜ 素晴(すば)らしい 훌륭하다

　それから、出来上がった料理を見ると、赤、緑、黄色ととても色鮮やかな上に、丸、三角、四角などいろんな形に切られた食材。それをさらに引き立てる器。口に入れると、いろいろな味が口のなかに広がります。このようなことから、「料理は食べられる芸術だ。」と言う人もいるぐらいです。

　また食べ物は「食べる薬」と言われるように私たちの体を健康にもしてくれるし、私たちの五感を通して季節を感じさせ、食べる喜びと幸せを与えてくれます。だから食べ物はとても素晴らしいプレゼントだと思います。

❶ 旬とは何ですか。

❷ さんまと大根おろしの組み合わせはどうしていいのですか。

❸ さんまと大根おろし以外に食べ物のよい組み合わせは何ですか。

❹ 悪い食べ物の組み合わせは何ですか。

❺ 「料理は食べられる芸術だ。」と言われる理由は何ですか。

❻ 食べ物は「食べる薬だ」と言われる理由は何ですか。

❶ ～ ごとに : ～마다

접속방법 「명사 / 동사의 사전형」+ ごとに

① 目覚まし時計は10分ごとに鳴る。
자명종 시계는 10분마다 울린다.

② あの少女は会うごとにきれいになる。
저 소녀는 만날 때마다 예뻐진다.

❷ ～みたいだ : ～와 같다, ～와 비슷하다 〈비유〉

접속방법 「명사 / 동사의 보통형」+ みたいだ
➡ 어떤 것의 상태나 성질 등을 묘사할 때 그것과 비슷한 것에 비유해서 말할 때 사용하는 표현이다. 「～ようだ」의 구어체적인 표현이다.

① この牛肉はかたくてゴムみたいだ。
이 쇠고기는 질겨서 고무와 같다.

② 中野先生は私には親みたいな存在です。
나카노 선생님은 나에게 부모와 같은 존재입니다.

③ 山田さんは魚みたいに上手に泳ぎます。
야마다 씨는 물고기같이 잘 헤엄칩니다.

❸ 〜ことから : 〜것에서, 〜데에서, 〜때문에 〈뒷절의 판단의 근거, 이유〉

> [접속방법] 「명사 + である / ナ형용사의 어간 + な + である / イ형용사·동사의
> 보통형」+ ことから

① 道がぬれていることから、昨夜、雨が降ったことがわかった。
  길이 젖어있는 것에서, 어젯밤 비가 내린 것을 알았다.

② ちょっとしたことから、喧嘩になってしまった。
  사소한 것 때문에 싸움이 되어버렸다.

❹ 〜を通(とお)して : 〜을 통해서 〈매개, 수단〉

> [접속방법] 「명사」+ を通して

① 窓を通して光が入ってくる。
  창을 통해서 빛이 들어온다.

② 彼女とは仕事を通しての付き合いしかない。
  그녀와는 일을 통해서 만날 뿐이다.

1 空欄に入る適当な言葉を下から選んで、文章を完成させなさい。

> 魚　妹の花子　お茶　コーヒー　けしゴム

① (母の友達に)はじめまして。よし子に　　　　　　　　　です。

② 私は朝ごはんはいつもトーストに　　　　　　　　　で済ましています。

③ 　　　　　　　　に「周」と書いて「鯛(たい)」と読みます。

④ 明日は試験ですから、鉛筆に　　　　　　　　　は必ず持ってきなさい。

⑤ お客さんがいらっしゃったら、このおまんじゅうに　　　　　　　　　をお出しし
てください。

2 空欄に当てはまる言葉を入れて、韓国語を日本語にしなさい。

① 버스는 20분마다 있습니다.

バスは　　　　　　　　　　　　　あります。

② 사람마다 다른 의견을 가지고 있습니다.

　　　　　　　　　　　違う意見を持っています。

③ 매일 식사 후 30분마다 드세요.

毎日食後　　　　　　　　　　　飲んでください。

3 後に続く文章を下から選んで「〜ことから」を使った文章を作りなさい。

> みんなに慕われています
> 本屋も多いです
> 「生き字引」と呼ばれています
> 学校の数も減りつつあります
> 「一姫二太郎」と最初に女、次に男を産むのが望ましいと言われます

① 最近は子供の数が少なくなっています。

→ 　　　　　　　　　　　　　　　　　　　　　　　　　　　。

② このあたりは大学生がたくさん下宿しています。

→ 　　　　　　　　　　　　　　　　　　　　　　　　　　　。

③ 彼は何でも知っています。

→ 　　　　　　　　　　　　　　　　　　　　　　　　　　　。

④ 彼女は誰にでも親切です。

→ 　　　　　　　　　　　　　　　　　　　　　　　　　　　。

⑤ 女の子のほうが育てやすいです。

→ 　　　　　　　　　　　　　　　　　　　　　　　　　　　。

4 空欄に入る適当な言葉を下から選んで、「〜を通して」を使った文章を作りなさい。

友人	実験	受付	体験	交流

① 国と国の 　　　　　　　　　　　　習慣の違いを理解することができる。

② 私たちは、 　　　　　　　　　　知り合いました。

③ 　　　　　　　　　　得られた結果しか信用できません。

④ 小さいころは 　　　　　　　　　学習が大切である。

⑤ 社長と面会したかったら、まず 　　　　　　　　　連絡をとらなければならない。

問題　次の文章を読んで、後の問いに対する答えとして最も良いものを
　　　1・2・3・4から一つ選びなさい。

　言葉というものは不思議なものです。たった一言で、人を喜ばせたり、悲しませたりします。つまり、使い方次第で（　ア　）プレゼントにもなるし、（　イ　）凶器にもなります。言葉は言霊というように、見えないけれどその言葉の中に霊つまり心が入っているからです。何気なく言った一言で、取り返しのつかない大きな事件になることもあるし、また逆に大成功の鍵になることもあるでしょう。

　ある本におもしろい内容がありました。同じ水を同じ2つのビーカーに入れて、一つのビーカーには「ありがとう」などのいい言葉を、もう一つのビーカーには「死ね」などの悪い言葉の紙を貼り、数日後にその水の結晶を顕微鏡で見てみました。（　ウ　）、いい言葉を貼った水の結晶は、本当にきれいだった（　エ　）、悪い言葉を貼った水の結晶は形が崩れた醜い結晶だったそうです。人間の体は、約70%くらいは水分でできているので、いい言葉を言われて育った人と、悪い否定的な言葉を言われて育った人でも同じような結果がでるのではないかと思われます。

　相手であれ、自分自身であれ、言葉一つで幸せにも不幸にもなります。言葉によってその人の人生が決められると言っても過言ではないでしょう。ですから、言葉を発するときはよく考えて発言することが大切だと思います。

1 （ア）〜（エ）の（　　）には何を入れますか。

（ア）　1 楽しい　　　2 最高の　　　3 誕生日の　　　4 きれいな

（イ）　1 恐ろしい　　2 悲しい　　　3 さびしい　　　4 苦しい

（ウ）　1 そして　　　2 そこで　　　3 ですから　　　4 すると

（エ）　1 ので　　　　2 ように　　　3 反面　　　　　4 ため

2 文章の内容と合っていないものはどれですか。

1 言葉の中には霊つまり心が入っている。

2 言葉が人生を左右することもある。

3 いい言葉を貼った水の結晶は変化がなかった。

4 言葉を発するときは気をつけなければならない。

不思議（ふしぎ） 불가사의, 이상함, 희한함 ｜ **一言（いちごん・ひとこと）** 한마디 말 ｜ **喜（よろこ）ぶ** 기뻐하다 ｜ **悲（かな）しむ** 슬퍼하다 ｜ **恐（おそ）ろしい** 무섭다 ｜ **凶器（きょうき）** 흉기 ｜ **言霊（ことだま）** 말에 들어있는 힘 ｜ **霊（れい）** 영혼 ｜ **何気（なにげ）** 무심코 ｜ **取（と）り返（かえ）し** 돌이킴, 되찾음 ｜ **取（と）り返（かえ）しがつかない** 되돌릴 수 없다 ｜ **事件（じけん）** 사건 ｜ **成功（せいこう）** 성공 ｜ **鍵（かぎ）** 열쇠 ｜ **発（はっ）する** 시작하다 ｜ **発言（はつげん）** 발언 ｜ **貼（は）る** 붙이다 ｜ **数日（すうじつ）** 수일 ｜ **結晶（けっしょう）** 결정 ｜ **顕微鏡（けんびきょう）** 현미경 ｜ **崩（くず）れる** 무너지다 ｜ **乗（の）せる** 태우다, 싣다 ｜ **水分（すいぶん）** 수분 ｜ **否定的（ひていてき）** 부정적 ｜ **相手（あいて）** 상대 ｜ **不幸（ふこう）** 불행 ｜ **過言（かごん）** 과언

❶ 〜次第(しだい)で : 〜에 따라(서), 〜나름

접속방법 「명사」+ 次第で

◯ 상황에 따른 변화를 나타낸다. 대개 앞절의 내용에 따라 뒷절의 내용이 변한다는 것을 말하고자 할 때 사용하는 표현이다. 비슷한 표현으로 「〜によって・いかんで」 등이 있다.

① 敬語は使い方次第では、かえって相手に失礼になることもある。
경어는 사용법에 따라서는 오히려 상대에게 실례가 되는 경우도 있다.

② 冬山登山は天候次第では危険だ。
겨울 산행은 기후에 따라서는 위험하다.

쏙쏙 문법 교실

◉ 대비(対比) 표현

대조적인 두 개의 사항을 나열하여 대비적으로 서술할 때 사용하며, 대표적인 대비 표현으로는 「〜反面・一方で・〜のに対して」등이 있다.

① 彼は人に優しい反面自分に厳しい。
그는 다른 사람에게 상냥한 반면 자신에게는 엄격하다.

② 私の仕事は春は非常に忙しい一方、冬は暇になる。
나의 일은 봄에는 굉장히 바쁜 반면 겨울에는 한가해진다.

③ 日本海側では大雪が続いているのに対して太平洋側では雨らしい雨も降らない。
일본해 쪽에서는 대설이 계속되고 있는 반면 태평양 쪽에서는 비다운 비도 내리지 않는다.

11

敬語

　新入社員（しんにゅうしゃいん）になって一番の難関（なんかん）は敬語（けいご）だ。普段（ふだん）使いなれていないせいか、きちんと話せない人は以外（いがい）と多い。昔は先生や目上（めうえ）の人には敬語を使うのが当たり前だったが、最近の小中学生は先生にも友だちのようなタメ口を使う場合も少なくないようだ。そんな中で育（そだ）ってきた世代の人達にとっては、敬語ほど難しいものはないだろう。

　敬語といっても普通に「です」、「ます」をつけるくらいなら誰にでもできるが、会社に就職（しゅうしょく）すると、「後（あと）で電話します」ではなく「後（のち）ほどご連絡致（いた）します」のようなもっと上のレベルの敬語が要求（ようきゅう）される。確かに前者（ぜんしゃ）が間違（まちが）っているというわけではないが、謙虚（けんきょ）さに欠（か）けて、上品（じょうひん）さがなくなる。だから、大きな企業（きぎょう）であればあるほど、この敬語教育に重点（じゅうてん）をおいているのかもしれない。

難関（なんかん）난관 ｜ 目上（めうえ）윗사람 ｜ 当（あ）たり前（まえ）당연함, 마땅함, 보통 ｜ タメ口（ぐち）예사말, 반말 ｜ 就職（しゅうしょく）취직 ｜ レベル 레벨 ｜ 要求（ようきゅう）요구 ｜ 謙虚（けんきょ）겸허 ｜ 欠（か）ける 부족하다, 모자라다 ｜ 上品（じょうひん）품위가 있음, 고상함 ｜ 重点（じゅうてん）중점 ｜ 複雑（ふくざつ）복잡 ｜ 尊敬語（そんけいご）존경어 ｜ 謙譲語（けんじょうご）겸양어 ｜ 使（つか）い分（わ）け 가려 씀, 사용구분 ｜ 使（つか）いこなす 능숙하게 사용하다 ｜ マスター 마스터, 숙달함, 터득함 ｜ 認識（にんしき）인식

確かに日本語の敬語は複雑だ。尊敬語、謙譲語の使い分けがなかなか難しい。簡単に言えば、相手を高くして尊敬するのか、自分を低くして相手を尊敬するのかの違いなんだが、実際に使いこなすのは難しい。さらに「お飲みになる」、「飲まれる」、「召し上がる」などその中でも何種類かに分かれる。

日本人でも難しいのに、日本語を勉強する外国人にとってはかなりの難関だ。しかし逆に考えれば、この敬語をマスターしさえすれば、かなりレベルの高い人だと認識されるにちがいない。

❶ 新入社員になって一番の難関は何ですか。

❷ 最近の小中学生は先生に対してどんな言葉遣いをする子が多いですか。

❸ 会社に就職すると、どんな敬語が要求されますか。

❹ 「前者が間違っているというわけではない」の前者とは何ですか。

❺ 大きな企業であればあるほど、敬語教育に重点をおいている理由は何ですか。

❻ 尊敬語、謙譲語の違いは何ですか。

❶ 〜せいか : 〜탓인지

접속방법 「명사 + の / イ형용사 · 동사의 보통형 / ナ형용사 어간 + な」 + せいか
➡ 단정을 할 수 없지만 '아마 그것 때문일 것이다'라는 추측의 뉘앙스가 강한 표현이다.

① 台風のせいか、このごろ野菜が高くなった。
태풍 탓인지 요즘 채소가 비싸졌다.

② 原料が安いせいか、この製品は値段が安い。
원료가 싼 탓인지 이 제품은 가격이 싸다.

❷ 〜にとっては : 〜에게는, 〜에게 있어서는

접속방법 「명사」 + 〜にとっては
➡ 주로 인물을 나타내는 명사에 연결되어 그 사람의 입장 · 시점에서 생각하면 어떠한지를 나타낼 때 사용하는 표현이다.

① 君には簡単でも、僕にとっては難しい。
너한테는 간단해도 나에게는 어렵다.

② スターにとっては、人気が落ちるということは、きっとさびしいことだろう。
스타에게 있어서는 인기가 떨어진다는 것은 틀림없이 쓸쓸한 일일 것이다.

❸ 〜ほど〜はない : 〜만큼 〜은 없다 〈최상급〉

① これまでに行った所で箱根ほどきれいなところはない。
지금까지 갔던 곳에서 하코네만큼 깨끗한 곳은 없다.

② おいしい物はたくさんありますが、すしほどおいしいものはないでしょう。
맛있는 것은 많이 있지만 초밥만큼 맛있는 것은 없을 것입니다.

❹ ～ば ～ほど : ～하면 ～할수록

➲ '한쪽의 정도가 변하면, 그와 함께 다른 쪽도 변한다'라는 의미의 표현이다.

① 日本語は勉強すればするほど難しくなるような気がする。
일본어는 공부하면 할수록 어려워지는 느낌이 든다.

② この本は読めば読むほどおもしろくなる。
이 책은 읽으면 읽을수록 재미있어진다.

❺ ～のに : ～인데, ～임에도 불구하고 〈역접, 불만, 의외〉

접속방법 「명사 · ナ형용사의 어간 + な / イ형용사 · 동사의 보통형」 + のに

➲ 의외의 기분, 불안, 비난, 유감스러운 기분을 나타낼 때 사용하는 표현이다.
뒷절에는 명령, 의뢰, 의지, 추측 등의 표현은 올 수가 없다.
＊熱があるのに、お風呂に入りなさい。(○)

① 先月たくさん働いたのに給料が増えませんでした。
지난달 많이 일했는데 급여가 늘지 않았습니다.

② このレストランは高いのにおいしくないです。
이 레스토랑은 비싼데도 불구하고 맛있지 않습니다.

❻ ～さえ～ば : ～하기만 하면, ～만 있으면

➲ 뒷절의 내용이 성립하기 위한 최저조건을 나타낸다. 즉, 그것만 있으면 뒷절의 내용이 성립된다는 뜻이다.

① 子どもたちが丈夫でさえあれば、親はそれだけで満足だ。
아이들이 건강하기만 하다면 부모는 그것만으로 만족한다.

② 湿度さえ低ければ、東京の夏も暮らしやすい。
습도만 낮으면 도쿄의 여름도 지내기 편하다.

1 例のように「～せいか」使って二つの文章を一つの文章にしなさい。

> 例 原料が安いです。この製品は値段が安い。
> → 原料が安いせいか、この製品は値段が安いです。

① 風邪薬を飲みました。仕事中に眠くなりました。

　→ 　　　　　　　　　　　　　　　　　　　　　　　　　　　。

② 漢字の問題が難しかったです。テストの平均点が下がってしまいました。

　→ 　　　　　　　　　　　　　　　　　　　　　　　　　　　。

③ 濃いコーヒーを飲みました。なかなか寝られませんでした。

　→ 　　　　　　　　　　　　　　　　　　　　　　　　　　　。

④ 運動不足です。階段をのぼるのがつらいです。

　→ 　　　　　　　　　　　　　　　　　　　　　　　　　　　。

⑤ 交通が不便です。町の人口が減ってきました。

　→ 　　　　　　　　　　　　　　　　　　　　　　　　　　　。

2 例のように後に続く文章を下から選んで「～ようだ」を使った文章を作りなさい。

> 熱があります　　事故がありました　　今日は休みです
> 最近ちょっと太りました　　留守です

> 例 足音がするので、誰か来たよう です。

① 電気がついていないのをみると、　　　　　　　　　　　です。

② 去年買ったズボンがきついので、　　　　　　　　　　　です。

③ 　　　　　　　　　　　ので、早退してもいいですか。

④ 道にたくさんの人が集まっているのをみると、　　　　　　　　　　　です。

⑤ 店の中が暗いので、　　　　　　　　　　　です。

3 「〜ので・〜のに」のどちらかを使って、二つの文章を一つの文章にしなさい。

① 田中さんは家が近いです。よく遅刻をします。

→ 　　　　　　　　　　　　　　　　　　　　　　　　　　　　　　。

② 一生懸命勉強しました。試験に合格しました。

→ 　　　　　　　　　　　　　　　　　　　　　　　　　　　　　　。

③ 山中さんは風邪で熱があります。今日は欠席です。

→ 　　　　　　　　　　　　　　　　　　　　　　　　　　　　　　。

④ 梅雨です。雨が全然降りません。

→ 　　　　　　　　　　　　　　　　　　　　　　　　　　　　　　。

⑤ きのう１０時間も寝ました。まだ眠いです。

→ 　　　　　　　　　　　　　　　　　　　　　　　　　　　　　　。

4 空欄に当てはまる言葉を入れて韓国語を日本語にしなさい。

① 그러한 일은 당신에게 있어서는 가장 받아들이기 어려운 일일지도 모르겠습니다.

そのようなことは 　　　　　　　　　　　最も受け入れがたいことかもしれません。

② 그녀만큼 재미있는 사람은 없어요.

　　　　　　　　　　　　　おもしろい人はいません。

③ 일본어는 처음은 쉽지만 공부하면 할수록 어려워집니다.

日本語ははじめはやさしいですが、　　　　　　　　　　難しくなります。

④ 오븐만 있으면 웬만한 요리는 다 집에서 만들 수 있습니다.

オーブン 　　　　　　　　　　ほとんどの料理が家でできます。

⑤ 키가 큰 다나카 씨의 딸이니까 키가 클 것임에 틀림없다.

背が高い田中さんの娘さんだから 　　　　　　　　　　。

問題　次の文章を読んで、後の問いに対する答えとして最も良いものを
　　　1・2・3・4から一つ選びなさい。

　　お金（　ア　）あれば、何でも手に入るようになった現在。しかし、い
くらお金を出しても買えないものが（　イ　）だ。高度成長により、便利
で快適な生活を送れるようになったが、逆に健康を害することも多く
なってきている。その典型的なものが「生活習慣病」である。
　　「生活習慣病」とは、その名の通り、毎日の食事や、酒、たばこな
どの嗜好品、生活環境など日常生活の積み重ねで始まり、加齢によっ
て進行する病気のことで、三大死因である癌、心臓病、脳卒中をはじ
め、糖尿病、高血圧、腎臓病、肥満さらには骨粗鬆症、認知症なども
含まれる。
　　一昔前までは「成人病」と言われ、年齢（　ウ　）発生する病気だと思
われていたが、最近は子供でも発病することから、厚生省（現厚生労
働省）は1997年「生活習慣病」と改称した。
　　「（　エ　）」は年をとると自然に起きる病気、というイメージがある
が、「生活習慣病」と名称を変えることによって、病気の原因を作ら
ないように、日頃の生活習慣を見直し、予防・改善していかなければ
ならないという啓蒙の意味合いも含まれているそうだ。
　　「生活習慣病」は40歳前後から増え始め、働き盛りの成人に蔓延
し、さらに人口の高齢化で患者数が激増し、今後もますます増えると
予想されている。毎日の食生活の管理と適度な運動が何よりもの予防
薬であると言えよう。

1 （ア）〜（エ）の（　　）には何を入れますか

（ア）　1 ばかり　　　2 までも　　　3 くらい　　　4 さえ

（イ）　1 幸せ　　　　2 健康　　　　3 友情　　　　4 年齢

（ウ）　1 とともに　　2 によって　　3 を通して　　4 に比べて

（エ）　1 生活習慣病　2 成人病　　　3 心臓病　　　4 糖尿病

2 「生活習慣病」の説明として正しくないものはどれですか。

1 一昔前「生活習慣病」は「成人病」とも呼ばれていた。

2 「生活習慣病」は４０歳前後から増え始めている。

3 「生活習慣病」は年をとると自然に起きる病気である。

4 「生活習慣病」の予防薬は毎日の食生活の管理と適度な運動である。

健康（けんこう）건강 ｜ **高度成長（こうどせいちょう）** 고도성장 ｜ **快適（かいてき）** 쾌적 ｜ **害（がい）する** 해치다, 방해하다 ｜ **典型的（てんけいてき）** 전형적 ｜ **嗜好品（しこうひん）** 기호품 ｜ **加齢（かれい）** (새해를 맞아) 나이를 한 살 더 먹음 ｜ **死因（しいん）** 사인 ｜ **癌（がん）** 암 ｜ **心臓病（しんぞうびょう）** 심장병 ｜ **脳卒中（のうそっちゅう）** 뇌졸증 ｜ **糖尿病（とうにょうびょう）** 당뇨병 ｜ **高血圧（こうけつあつ）** 고혈압 ｜ **腎臓病（じんぞうびょう）** 신장병 ｜ **肥満（ひまん）** 비만 ｜ **骨粗鬆症（こつそしょうしょう）** 골다공증 ｜ **認知症（にんちしょう）** 인지증 ｜ **含（ふく）む** 포함하다 ｜ **成人病（せいじんびょう）** 성인병 ｜ **発生（はっせい）** 발생 ｜ **発病（はつびょう）** 발병 ｜ **厚生労働省（こうせいろうどうしょう）** 후생노동성(일본의 행정기관) ｜ **改称（かいしょう）** 개칭, 이름을 고치다 ｜ **変（か）える** 변하다 ｜ **見直（みなお）す** 다시 보다 ｜ **予防（よぼう）** 예방 ｜ **改善（かいぜん）** 개선 ｜ **啓蒙（けいもう）** 계몽 ｜ **意味合（いみあ）い** 까닭, 이유, 사정 ｜ **働（はたら）き盛（ざか）り** 한창 일할 때 ｜ **蔓延（まんえん）** 만연 ｜ **患者（かんじゃ）** 환자 ｜ **激増（げきぞう）** 격증 ｜ **管理（かんり）** 관리 ｜ **予防薬（よぼうやく）** 예방약

◉ 경어(敬語) 표현

경어란 말하는 사람이 듣는 사람이나 화제의 인물의 행위나 사물(소유물) 등에 대해 경의를 나타내어 표현하거나, 자신을 낮추어 표현할 때 또는 자신의 말을 정중하게 표현할 때 쓰는 말이다. 일본어의 경어에는 존경어(尊敬語), 겸양어(謙讓語), 정중어(丁寧語) 이렇게 세 종류가 있다.

1. 존경어(尊敬語)

상대방 또는 상대방의 행위, 사물(소유물) 등을 높여 표현하는 말로, 직접적으로 상대방에게 경의를 표하는 말이다. 경의를 표하는 대상은 대개 윗사람이거나 자신이 속해 있는 집단의 외부 사람이 되는 경우가 많다.

● 존경어 만들기

1) 특별 경어 동사 사용

① 吉田先生は東京にいらっしゃいました。[←行きました]
요시다 선생님은 도쿄에 가셨습니다.

② 先生は今研究室にいらっしゃいます。[←います]
선생님은 지금 연구실에 계십니다.

2) 존경 조동사 「れる/られる」 사용 ※する → される

① 明日、いつごろ来られますか。[←来ますか] 내일 언제쯤 오십니까?

② 登山をされる方へ。[←する] 등산을 하시는 분들께.

③ 何時に起きられましたか。[←起きる] 몇 시에 일어나셨습니까?

3) 「お(ご)+동사의 ます형+になる」

① これは藤田さんがお書きになった本です。[←書く]
이것은 후지타 씨가 쓰신 책입니다.

② 初めてご利用になる方へ。[←利用する] 처음 이용하시는 분들께.

4) 「お(ご)+동사의 ます형+です」

① 今、お帰りですか。[←帰る] 지금 귀가하십니까?

② いつお出かけですか。[←出かける] 언제 외출하십니까?

5) (명사, 형용사인 경우) 접두어, 접미어를 사용

① お若いですね。 젊으시군요.

② 社長は歌がお上手です。 사장님은 노래가 능숙하십니다.

③ 空いているところにご住所をかいてください。 빈 곳에 주소를 적어 주세요.

④ 息子さん 아드님 / お客さん 손님 / 健太様 겐타 님

2. 겸양어(謙讓語)

말하는 사람이 상대방에게 경의를 표하기 위해서 자신의 행위를 낮추어 표현함으로써 간접적으로 경의를 나타내는 말이다. 행위를 낮추는 쪽은 일반적으로 말하는 사람이나 자신이 속해 있는 회사, 가족 등 소속집단의 사람이다.

● 겸양어 만들기

1) 특별 경어 동사 사용

① 私は韓国から参りました。[←来ました] 저는 한국에서 왔습니다.

② 課長に資料をいただきました。[←もらいました] 과장님에게 자료를 받았습니다.

2) 「お(ご)＋동사의 ます형＋する(いたす)」

① よろしくお願いいたします。[←願います] 잘 부탁합니다.

② かばんは私がお持ちします。[←持つ] 가방은 제가 들겠습니다.

3) 「お(ご)＋ 동사의 ます형 ＋いただく」

말하는 사람에게 이익이 되는 행위를 상대방으로부터 받는다는 의미로 쓰인다.

① 私は先生からこの本をいただきました。 저는 선생님께 이 책을 받았습니다.

② ご協力いただいて、本当にありがとうございます。
협조해 주셔서 대단히 감사합니다.

3. 정중어(丁寧語)

말하는 사람 자신이 사용하는 말을 공손하게 표현함으로써 상대방에 대해 경의를 나타내는 말이다. 기본적으로 말끝은 「〜です」,「〜ます」,「〜ございます」로 끝난다.

① 私は毎日学校へ行きます。 나는 매일 학교에 갑니다.

② あちらに申込書がございます。 저쪽에 신청서가 있습니다.

③ これは私の子供の時の写真です。 이것은 나의 어릴 때의 사진입니다.

4. 특별 경어 동사

일반 동사를 경의의 뜻을 가지는 다른 동사로 바꾼 것을 특별 경어 동사라고 한다. 특별 경어 동사라고 해도 때에 따라서는 존경어만 있는 경우가 있고, 반대로 겸양어만 있는 경우도 있기 때문에 사용에 있어서 주의가 필요하다. 아래의 특별 경어 동사표를 무조건 외우도록 하자.

보통어	존경어	겸양어
行く(가다)	いらっしゃる, おいでになる お越しになる	参る, 伺う, 上がる
来る(오다)	いらっしゃる, おいでになる お見えになる, お越しになる	参る, 伺う, 上がる
いる(있다)	いらっしゃる, おいでだ	おる
する(하다)	なさる	いたす
飲む(마시다)・食べる(먹다)	あがる, 召し上がる	いただく
言う(말하다)	おっしゃる	申す, 申し上げる
見る(보다)	ご覧になる	拝見する
知っている(알고 있다)	ご存知だ	存じておる
聞く(묻다/듣다)	お耳に入る('듣다'의 경우)	伺う, 承る('듣다'의 경우)
尋ねる(방문하다)		伺う、お邪魔する, 上がる
会う(만나다)		お目にかかる
買う(사다)	お求めになる	
死ぬ(죽다)	お亡くなりになる	
寝る(자다)	お休みになる	
着る(입다)・はく(신다)	お召しになる	
思う(생각하다)		存じる
わかる(알다)		承知する, かしこまる

12

「NO」と言えない日本人

12 「NO」と言えない日本人

「NOと言えない日本人」という言葉があるように、日本人は他の国から見ると、自分の意思をはっきりと言わないと評価されることが多いですが、それは一体どうしてなのでしょうか。

「すみません」という言葉がやたら多いし、はっきりとした意見を持っていたとしても、言わなかったり、嫌でも嫌とはっきりいえなくて、遠回しに言い訳みたいな言葉ばかりを言ってしまいがちです。これでは本当の意思や気持ちが分からないので、他の国の人は少しじれったく感じるそうです。

これは日本は島国ということと、江戸時代以後は平和で、比較的豊かな生活をしていたので、ゆったりした性格の人が多く、戦って勝ち取るというより、良く考え、周囲と争わないほうが平和に暮らせると考え、相手への配慮を重視してきたためだと言われています。また、「出る杭は打たれる」といった考えが根付いていて、人より目立った発言や行動をするのはあまり良くないというイメージが強いからです。だから他の国より協調性も強く、集団意識が高いようです。

意思(いし) 의사 | 評価(ひょうか) 평가 | やたら 몹시, 마구, 함부로 | 遠回(とおまわ)し 간접적임, 에두름 | 言(い)い訳(わけ) 변명 | じれったい 속이 타다 | 島国(しまぐに) 섬나라 | 平和(へいわ) 평화 | 比較的(ひかくてき) 비교적 | 豊(ゆた)か 풍부함 | ゆったり 마음 편히, 느긋하게 | 戦(たたか)う 싸우다 | 勝(か)ち取(と)る 쟁취하다 | 周囲(しゅうい) 주위 | 争(あらそ)う 경쟁하다 | 暮(く)らす 살다 | 配慮(はいりょ) 배려 | 杭(くい) 말뚝 | 打(う)つ 누르다, 치다 | 根付(ねづ)く 뿌리를 내리다 | 目立(めだ)つ 눈에 띄다 | 発言(はつげん) 발언 | 協調性(きょうちょうせい) 협조성 | 集団意識(しゅうだんいしき) 집단의식 | 戦後(せんご) 전후 | 経済(けいざい) 경제 | 成長期(せいちょうき) 성장기 | 独特(どくとく) 독특함 | 遂(と)げる 달성하다 | 一長一短(いっちょういったん) 일장일단 | グローバル 글로벌, 세계적임 | 生(い)き抜(ぬ)く 꿋꿋이 살아가다 | 積極的(せっきょくてき) 적극적

だからこそ、戦後の高度経済成長期には他の国にはない独特の企業システムで、驚くべき発展を遂げたのかもしれません。

このような性格には一長一短がありますが、グローバル社会の中で生き抜くためには、もう少し積極的に、自分の意見が言えないと本当の意味での仲間入りは難しいんじゃないかと私は思います。

❶ 日本人は他国の人からどう評価されることが多いですか。

❷ どうして❶のように評価されることが多いのでしょうか。

❸ 他国の人は、どうして日本人をじれったく感じるんでしょうか。

❹ 日本人は何を重視していますか。

❺ 人より目立った発言や行動をするのはあまり良くないという意味ことわざは何ですか。

❻ 作者は日本人の「NO」と言えない性格について肯定的ですか、否定的ですか。

❶ 〜から見ると / 〜から見れば : ~로 보면, ~로부터 판단하면

접속방법 「명사」+ からみると/からみれば

① 今後の試験の成績から見ると、中央大学の合格はほぼ確実だろう。
이후의 시험 성적으로 본다면, 쥬오대학 합격은 거의 확실하겠지.

② アメリカ人からみると、日本人は働きすぎだ。
미국인으로부터 보면, 일본인은 지나치게 일한다.

❷ 〜としても : ~라고 해도, ~라고 하더라도

접속방법 「명사 · ナ형용사 + (だ) / イ형용사 · 동사의 보통형」+ としても
➡ 뒷절에 대개 예상, 기대에서 벗어난 것을 나타내는 표현이 오며, 그 결과는 변하지 않을 것이라는 의미를 나타낼 때 사용한다.

① 今、出発したとしても間に合わないよ。
지금 출발한다고 해도 늦을 것이다.

② 行くとしても今日は無理だ。
간다고 해도 오늘은 무리이다.

❸ ～がちだ : ～하기 쉽다, 자주 ～하다 〈빈도, 경향〉

접속방법 「명사 / 동사의 **ます형**」+ **がちだ**
  ➡ 바람직하지 않은 변화나 동작이 생기기 쉽다는 의미로 주로 좋지 않은 일에 사용한다.

① このごろは天候の変化が大きいので風邪を引きがちだ。
　　요즈음에는 기후의 변화가 크기 때문에 감기에 걸리기 쉽다.

② 明日は曇りがちで、ところによっては雨が降るでしょう。
　　내일은 자주 흐리고 곳에 따라서는 비가 내리겠습니다.

❹ ～こそ : ～야 말로 〈강조〉

접속방법 명사(+조사) + こそ

① 今度こそ試験にパスしたい。
　　이번에야말로 시험에 통과하고 싶다.

② A: 昨日はどうもありがとう。 어제는 감사했습니다.
　　B: こちらこそ。 저야말로

1 空欄に当てはまる文章を下から選んで文章を完成させなさい。

> すばらしい父親、夫でした
> 彼が先生になるとは思えなかった
> 大人は何をやっているんだと思うでしょう
> まだまだ子供です
> おかしな考え方だと思われるかもしれません

① うちの子は親の目から見れば ＿＿＿＿＿＿＿＿＿＿＿＿＿＿＿。

② 高校の時の成績から見ると ＿＿＿＿＿＿＿＿＿＿＿＿＿＿＿。

③ 他の宗教から見たら ＿＿＿＿＿＿＿＿＿＿＿＿＿＿＿＿＿＿。

④ 子供たちから見れば ＿＿＿＿＿＿＿＿＿＿＿＿＿＿＿＿＿＿。

⑤ 夫は、わたしから見ると ＿＿＿＿＿＿＿＿＿＿＿＿＿＿＿。

2 空欄の言葉を使って「〜がちだ」を使った文章を作りなさい。

① 都会で生活していると運動不足に ＿＿＿＿＿＿＿ です。(なる)

② このごろはずっと ＿＿＿＿＿＿＿ で、家にばかりいます。(病気だ)

③ このような事故は春先に ＿＿＿＿＿＿＿ な事故なので注意してください。
(ある)

④ ここ一週間、＿＿＿＿＿＿＿ な天気が続いていました。(曇る)

⑤ 甘いものはついつい ＿＿＿＿＿＿＿ ので気をつけてください。
(食べ過ぎてしまう)

3 例のように「〜べきだ」を使った文章に変えなさい。

> 例 学生は勉強しなければなりません。→ 学生は勉強すべきです。
> そこへ行かなければよかった。→ そこへ行くべきではなかった。

① お年寄りには席を譲らなければならない。

→ 　　　　　　　　　　　　　　　　　　　　　　　　　　　　。

② 環境問題について各国がよく話し合わなければならない。

→ 　　　　　　　　　　　　　　　　　　　　　　　　　　　　。

③ 試験の前に気をつけなければならないことを言いますから、よく聞いてください。

→ 　　　　　　　　　　　　　　　　　　　　　　　　　　　　。

④ 学生時代にもっと勉強すればよかった。

→ 　　　　　　　　　　　　　　　　　　　　　　　　　　　　。

⑤ 家族と一緒に行けばよかった。

→ 　　　　　　　　　　　　　　　　　　　　　　　　　　　　。

4 空欄に当てはまる言葉を入れて韓国語を「〜からこそ」を使った日本語にしなさい。

① 그는 노력했기에 성공했던 것이다.

→ 彼は 　　　　　　　　　　　　　　　　　成功したのだ。

② 부모님은 사랑스럽다고 생각하고 있기에 야단치는 것입니다.

→ 親はかわいいと 　　　　　　　　　　　　　　叱るのです。

③ 팀 전원에 협력이 있었기 때문에 우승할 수 있었던 것이다.

→ チーム全員の協力が 　　　　　　　　　　　　優勝できたのだ。

問題　次の文章を読んで、後の問いに対する答えとして最も良いものを
　　　１・２・３・４から一つ選びなさい。

嘉納治五郎（1860－1938）

　「敵をたおして勝つことだけが（　ア　）。技をみがきながら、人間の
心と体を鍛えるのが柔道だ」

　このように信じて講道館柔道をおこした嘉納治五郎は、兵庫県で生
まれ、11歳のときに東京へ出て英語や漢学を学び、やがて東京大学
へ進んで政治、哲学、経済学を勉強しました。また、大学へ入る前か
ら柔術を習っていました。少し背が低い（　イ　）、体が弱かった治五郎
は、人に負けない強い心と、たくましい体がほしかったのです。

　その後大学を卒業して教師になりました。でも、柔術への情熱は燃
やしつづけ道場を開きました。これが講道館の始まりです。柔術を柔
道と改めた講道館には、人がたくさん集まりました。そして、柔道を
ばかにしていた警視庁の柔術との試合に２度も勝って、講道館柔道の
名を日本中に広めました。

　教育者としてもすぐれていた治五郎は、33歳のときには東京高等師
範学校(今の筑波大学)の校長になり、それから26年あまりの間、教師
（　ウ　）巣立っていく若者の教育に力を注ぎました。体格も人格も立派
な日本人を育てることが、治五郎の生涯の願いでした。

　1909年、日本人として初めて国際オリンピック委員になり、1912年
にストックホルムで開かれた第５回大会に日本が初めて参加をしたので
す。治五郎は、こうして日本人がスポーツを通して世界の人々と手を結
ぶことにも、努力を続けました。しかし1938年にエジプトのカイロで
開かれたオリンピック委員会から帰る途中、亡くなってしまいました。

　柔道は、1964年の東京大会からオリンピックの正式種目になりました。治五郎が講道館をおこして82年後の（　エ　）でした。

1 　（ア）〜（エ）の（　　　）には何を入れますか

（ア）　1 目的だ　　　2 目的ではない　　3 教師だ　　　4 教師ではない

（イ）　1 おかげで　　2 せいで　　　　　3 ために　　　4 うえに

（ウ）　1 で　　　　　2 と　　　　　　　3 として　　　4 によって

（エ）　1 こと　　　　2 もの　　　　　　3 事件　　　　4 事実

2 　章の内容と合っていないものはどれですか。

1 嘉納治五郎は兵庫県で生まれ、11歳のとき東京へ出た。

2 嘉納治五郎は大学に入ってから柔術を習い始めた。

3 大学を卒業した嘉納治五郎は教師になり、やがて校長になった。

4 嘉納治五郎は国際オリンピック委員になった日本最初の人物である。

敵（てき）적, 상대 ｜ 倒（たお）す 쓰러뜨리다, 넘어뜨리다 ｜ 勝（か）つ 이기다 ｜ 技（わざ）기술, 기예 ｜ みがく 닦다, 갈다, 연마하다 ｜ 鍛（きた）える 단련하다, 훈련하다 ｜ やがて 이윽고, 머지않아 ｜ 柔術（じゅうじゅつ）맨손으로 치고 찌르고 차고 던지기를 하는 옛 일본의 격투기 ｜ 負（ま）ける 지다 ｜ たくましい 다부지다, 힘차다 ｜ 燃（も）やす 불태우다, 어떤 의욕·감정을 고조시키다 ｜ 改（あらた）める 고치다, 바꾸다 ｜ ばかにする 업신여기다, 깔보다 ｜ 警視庁（けいしちょう）경시청(도쿄도의 경찰본부를 일컬음) ｜ 広（ひろ）める 넓히다, 퍼뜨리다, 널리 알리다 ｜ 巣立（すだ）つ (새끼가 자라서) 보금자리를 떠나다, 부모의 슬하나 학교를 떠나 사회로 나가다 ｜ 注（そそ）ぐ (물 등을) 붓다, 따르다, 집중하다 ｜ 生涯（しょうがい）생애, 평생 ｜ ストックホルム 스톡홀름 ｜ エジプト 이집트 ｜ カイロ 카이로 ｜ 正式（せいしき）정식

❶ ～続ける : 계속 ～하다.

접속방법 「동사의 ます형」+ つづける

① 一人で山道を歩きつづけた。
혼자서 산길을 계속 걸었다.

② 一日中歩きつづけて疲れてしまった。
온종일 계속 걸어서 피곤하다.

○ **보충**
복합동사 중에는 사물의 「개시(開始)」, 「계속(継続)」, 「종료(終了)」 등 움직임이나 변화가 어떠한 단계, 국면에 있는가를 나타내는 표현 형식이 있다.

1) 개시 : 「～始める」, 「～出す」

① 手紙を書き始めました。
편지를 쓰기 시작했습니다.

② いきなり雨が降り出しました。
갑자기 비가 내리기 시작했습니다.

2) 계속 : 「～続ける」

① 文句を言いながら、働き続けました。
투덜거리면서 계속 일했습니다.

② 4日も雨が降り続いた。
4일이나 계속해서 비가 내렸다.

3) 종료 : 「～終わる」, 「～終える」, 「～やむ」

① この本を読み終わった。
이 책을 다 읽었다.

② たべ終えたら、おさらは元に戻しておいてください。
다 먹으면 접시는 원래 있던 곳에 갖다 놓아 주세요.

③ ベルが鳴りやむと電車のドアがしまる。
벨소리가 멈추면 전차 문이 닫힌다.

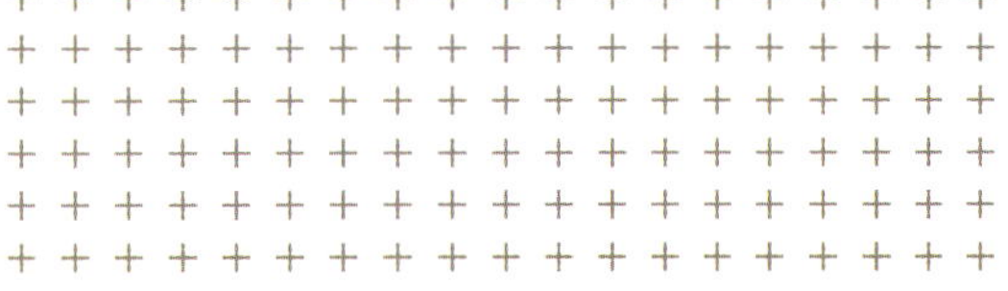

부록

- 해석
- 정답
- E-Book CD 사용법

01과

가족소개

우리 가족은 아버지, 어머니, 남동생, 할머니 이렇게 다섯 가족입니다. 그리고 개와 햄스터가 한 마리씩 있습니다. 아버지는 키가 크고 잘생겼으며 체격이 좋습니다. 보통은 자상하여 제 얘기를 잘 들어줍니다만, 화가 나면 굉장히 무섭습니다. 여행이 취미이므로 1년에 3~4번은 가족 여행을 갑니다. 어머니는 키는 작지만 예쁘고 차분하며 웃는 얼굴이 정말 멋집니다. 요리를 잘 해서 항상 맛있는 요리를 만들어 줍니다. 특히 가족의 생일에는 손수 케이크를 구워줍니다. 남동생은 고등학교 2학년으로 지금 반항기라서 때때로 부모님에게 대들기도 합니다만, 밝고 활발하며 스포츠를 정말 좋아합니다. 축구를 어렸을 때부터 했기 때문에 체격도 좋고 다부집니다. 할머니는 올해 80세인데 아주 건강해서 매일 개와 공원을 산책합니다. 아침 공원에는 노인 분들이 많아서 이야기하는 것이 삶의 낙이라고 합니다.

우리 가족은 도심에서 좀 떨어진 시골에 살고 있습니다. 교통이 좀 불편하고 버스가 하루에 5번 밖에 다니지 않습니다. 그래도 나무가 많고 가까이에 예쁜 호수가 있어 아주 좋은 곳입니다. 봄에는 벚꽃이 피어 꽃구경을 할 수 있고, 여름에는 여행객도 많이 옵니다. 외국인도 적지 않습니다. 부모님과 할머니는 관광객을 대상으로 식당을 하고 있습니다. 그렇게까지 큰 식당은 아니지만, 손님도 많고 주말에는 매우 바쁘기 때문에 저도 가끔 돕고 있습니다.

가게가 쉬는 날은 가족 모두 맛있는 음식을 먹으러 가거나, 친척을 만나러 가거나 합니다. 때때로 다투는 일도 있지만, 모두 사이가 좋기 때문에 금방 화해합니다. 가족은 저에게 있어 가장 소중한 보물입니다. 앞으로도 소중히 여길 것입니다.

❶ 二人兄弟の一番目です。
❷ 旅行です。
❸ 手作りのケーキです。
❹ サッカーです。
❺ おしゃべりをすることです。
❻ 家族みんなでおいしいものを食べに行ったり、親戚に会いに行ったりします。

① 　1. ○　　2. ×　　3. ○　　4. ×　　5. ○

② 　1. 読んでくれ
　　2. 作ってくれ
　　3. 貸してくれ
　　4. 案内してくれ
　　5. 持ってくれ

③ 　1. 道がわからなかったので、交番で聞きました。
　　2. 今日は日曜日なので、銀行は休みです。
　　3. 田中さんは去年までアメリカに住んでいたので英語がとても上手です。
　　4. このレストランは高くてあまりおいしくないので、お客さんが少ないです。
　　5. きのうはあまり寒くなかったので、外で遊びました。

④ 　1. きのう、午後2時ごろ、S町で交通事故が起きたそうです。
　　タクシーが歩いている人にぶつかっ

て、4人がけがをして、1人が亡くな
ったそうです。
2. 昨夜、四国でたくさんの雨が降って、
洪水になったそうです。
たくさんの人が近くの学校や公民館に
避難したそうです。
3. 明日午前2時から3時まで、電気点検
のためホテル内が停電するそうです。
停電によりエアコン、ヒーター、テレ
ビ等は利用できないそうです。

⑤　1. 返しに
　　2. 見に
　　3. 飲みに
　　4. 勉強している
　　5. 教えてい
　　6. かぶっている
　　7. 降ったり, やんだり
　　8. 読んだり, 会ったり
　　9. 行ったり, 来たり

　나도 남편도 등산을 매우 좋아한다. 결혼 전
에는 둘이서 곧잘 등산하러 가곤 했다. 그러나
결혼해서 맞벌이를 하고부터 별로 다니지 못했
다. 지금 나는 회사에 다니고 있기 때문에 일요
일이 휴일인데, 남편은 시에서 운영하는 도서관
에 다니고 있기 때문에 월요일이 휴일이다. 그렇
기 때문에 함께 등산을 하려고 하면 남편이나 나
둘 중 하나가 휴가를 내지 않으면 안 된다. 실제
로 남편이 휴가를 내는 일보다 내가 휴가를 내는
일이 많다. 월요일에 등산 가는 편이 길도 안 막
히고 사람도 많지 않기 때문이다. 그리고 남들이
일할 때 노는 것은 기분 좋은 일이다. 내가 남편
과 같은 도서관에서 근무하면 매주 등산을 할 수

있을 테지만, 유감스럽게도 나는 도서관에는 다
니고 싶지 않다. 다니고 싶지 않다기 보다는 지
금 일에 만족하고 있기 때문이다. 월급은 그렇게
좋지는 않지만 직장 분위기는 좋고 동료들도 다
좋다. 가능하다면 남편과 이 회사에서 같이 일하
고 싶을 정도다. 하지만 남편은 남편 나름대로
지금 일에 만족하고 있는 것 같으니, 남편과 둘
이서 함께 등산을 매주 가는 것은 당분간 어려울
것 같다.

① (ア) 3 　(イ) 2 　(ウ) 4 　(エ) 3

② 3

02과

본문

내 방

　제 방은 넓지는 않습니다만 햇빛도 잘 들고 바
람도 잘 통하는 방입니다. 방에는 물방울 무늬의
커튼이 쳐 있고 하얀 벽에는 둥근 시계가 걸려
있습니다. 방에는 책상과 침대, 책장, 노트북 등
이 있습니다.
　책장 위에는 어렸을 때 아버지가 사 준 인형
이 놓여 있습니다. 이름은 '리카'로 내가 아주 좋
아하는 인형입니다. 리카 인형은 머리카락은 갈
색이고 크고 까만 눈을 하고 있습니다. 샀을 당
시에는 빨간 드레스를 입고 있었는데 꽤 낡았기
때문에 5년 전에 어머니가 핑크 빛 드레스를 만
들어 주어서 지금은 그 드레스를 입고 있습니다.
앞으로도 이 리카 인형만큼은 소중히 여기고 싶

습니다.

　책상 위에는 토끼 저금통이 놓여 있습니다. 이 저금통에는 5엔 동전만 넣기로 하고 있습니다. 2년 전쯤, '5엔 동전은 좋은 인연을 부른다'는 말을 듣고부터 지갑에 남은 5엔 동전을 쓰지 않고 모으기 시작했습니다. 지금까지 모아도 좋은 인연이 없었기때문에 이제 써 버려도 괜찮을 것 같지만, 놓아 버리면 점점 연이 닿지 않을 것 같은 생각이 들어 무서워서 쓸 수가 없습니다. 내년 설에 신사에 가져가서 '좋은 인연이 생기게 해 주세요'하고 빌어보기라도 하려고 생각하고 있습니다.

　그리고 제 방에 꼭 놓고 싶은 것이 하나 있습니다. 그것은 소파입니다. 친구가 놀러 오면 소파에 앉아 차라도 마시면서 느긋하게 수다를 떨고 싶기 때문입니다. 그리고 침대에 누워 책을 읽거나 음악을 듣거나 하는 것보다 소파에서 하는 게 편하기 때문입니다. 아직 부모님께도 말하지 않았고 나도 돈이 없기 때문에 언제 살 수 있을지 알 수 없지만, 아르바이트를 해서라도 꼭 사고 싶습니다.

본문 내용 확인 문제

❶ いいえ、広くはありません。

❷ 小さいとき父が買ってくれました。

❸ 二年ぐらい前、「五円玉はご縁を呼ぶ」 と聞いたからです。

❹ 手放したらますます縁が来ないような気 がするからです。

❺ 友達が遊びに来たら、ソファに座ってお 茶でも飲みながらゆっくり話でもしたい し、ベッドで横になって、本を読んだ り、音楽を聞いたりするより、ソファの ほうが楽だからです。

❻ まだ両親にも言っていないし、お金がな

いからです。

실력 뽐내기

① 　1. 開いてい　　　　2. 書いてあり
　　3. ついてい　　　　4. 落ちてい
　　5. 伝えてあり

② 　1. 彼女は小さい目をしています
　　2. 山田さんは暗い表情をしています
　　3. 庭に咲いているバラは赤い色をしてい
　　　ます

③ 　1. 山田さんに仕事を手伝ってもらいまし
　　　た
　　2. 遅くなったので父に迎えに来てもらい
　　　ました
　　3. 教科書を忘れたので、友達に見せても
　　　らいました

④ 　1. 行くようにして
　　2. 捨てるようにして
　　3. 戻すようにして
　　4. 食べないようにして
　　5. 話さないようにして

⑤ 　1. おいしそうな
　　2. 許してくれそうに
　　3. 買おう
　　4. なろう
　　5. 聞きながら
　　6. しながら

대비하자! JLPT

사토: 　다나카 씨, 언제부터 휴가입니까?

다나카: 다음 주 수요일부터 휴가예요.

사토: 아, 그렇습니까? 며칠 휴가입니까?

다나카: 사흘동안인데, 토요일 일요일도 쉬는 날이니까 5일 동안 휴가예요. 사토 씨는요?

사토: 저는 다음 주는 일주일 내내 휴가입니다.

다나카: 좋겠네요. 휴가가 길어서…… . 부럽습니다.

사토: 모처럼 휴가인데 어디 안 갈래요?

다나카: 바다는 어떻습니까? 바다가 보이는 좋은 호텔을 알고 있습니다.

사토: 그렇습니까? 그 호텔 예약해야만 하지요?

다나카: 네, 해 두는 편이 좋을 듯싶습니다. 제가 해 두겠습니다.

사토: 그럼, 부탁합니다.

다나카: 며칠 동안 예약할까요?

사토: 토요일 일요일은 바다도 붐빌 테니까 수요일부터 금요일까지 2박 3일, 어떻습니까?

다나카: 2박 3일이요? 가고 오는데 시간이 걸리니까 하루쯤 더 느긋하게 있고 싶네요.

사토: 알았습니다. 그럼 그렇게 합시다.

대비하자! JLPT 정답

① (ア) 1　(イ) 2　(ウ)1　(エ) 3

② 3

03과

본문

문제

요즘 젊은이의 자살이 늘고 있다. 인생에서 가장 좋을 때라고 여겨지는 20대~30대 시기에 어째서 스스로 죽음을 선택하고 마는 걸까. 이유는 여러 가지 있지만 대부분 사회에 희망을 느낄 수 없게 되어 살아갈 기력을 잃고 마는 듯하다. 어째서 이런 현상이 일어나는 걸까.

전쟁 후 아무것도 없었던 시대에는 고생하는 것이 당연했고, 주위 사람과 서로 돕지 않으면 살아갈 수 없는 사회 환경이었다. 살아 간다고 하는 공통의 목적에 의해 자연스럽게 인간관계의 쓴맛 단맛도 배워 나갈 수 있었다. 그러나 현대는 생활이 풍족해지고 컴퓨터가 발달해서 사람과 의사 소통할 기회가 적어졌다. 그 속에서 자란 아이들이 어른이 되고 사회에 나가면 거기에서 처음으로 인간관계의 현실에 직면하게 된다. 그리고 사소한 문제에도 대처하지 못하고 자신의 세계에 들어가서 나오지 않게 된다. 이것은 '히키고모리'라는 사회 현상으로도 나타나고 있다. 이것이 심해지면 우울증, 자살에 이른다.

오늘날 20대~30대의 사인 1위가 자살이라고 한다. 최근에는 불경기도 겹쳐 4년제 대학을 졸업했다고 해도 취직하지 못하는 사람도 많다고 한다. 이런 어려운 환경 속에서도 자신을 지탱하고 격려해주는 친구든 선생님이든 있다면 자살 따위는 생각하지 않을 텐데. 정말로 마음이 아픈 문제이다.

본문 내용 확인 문제

❶ 理由はいろいろありますが、ほとんどが、社会に希望を感じられなくなって、生きる気力を失ってしまうからです。

❷ 苦労をするのが当たり前で、周りの人と助け合わないと生きていけない社会環境でした。

❸ 生活が豊かになり、コンピューターが発達して、人とコミュニケーションする機

会が少ない中で育った子供たちが大人になり、社会に出ると、そこではじめて人間関係の現実に直面するようになり、ちょっとしたトラブルにも対処できず、自分の世界に入って、出て来られなくなるからです。

❹ うつ病、自殺に至ってしまいます。

❺ いいえ、4年大学を卒業したとしても就職できない人も多いです。

❻ 自分を支えて、励ましてくれる友達なり、先生なりいてくれたら自殺を考えなくなるだろうと言っています。

실력 뽐내기

① 1. × 2. ○ 3. × 4. ○ 5. ○

② 1. 減っていく
2. 涼しくなっていく
3. 続けていき
4. 逃げていって
5. 生きていき

③ 1. ずに　　　2. ないで
3. ずに　　　4. なくて
5. ないで

④ 1. 先生に聞く・辞書を引く
2. 電話をする・メールを送る
3. 病院へ行く・薬を飲む
4. バスに乗る・地下鉄に乗る
5. 郵便局・銀行

⑤ 1. 持ってはじめて
2. どうして・言えなかった(言うことができなかった)

3. 上がっていく
4. 行ってはじめて
5. 赤くなっていきます

대비하자! JLPT

양 씨에게

　양 씨, 잘 지내십니까? 일본은 장마도 끝나고 더운 날이 계속되고 있습니다. 한국도 30도가 넘는 날이 이어지고 있다고 들었습니다.

　오늘은 급히 전하지 않으면 안 될 일이 있어 편지를 씁니다. 양 씨, 다음달 1일에 일본에 오시기로 되어 있지요. 사실은 급하게 이번 달 29일에 회사 출장으로 규슈에 가게 되었습니다. 1일에는 돌아오기로 되어 있지만, 공항에 마중을 못 나가게 되고 말았습니다. 그래서 남동생 겐지가 대신 마중 가기로 했으니까, 죄송합니다만 남동생 차로 저희 집까지 와 주십시오. 남동생은 저보다 운전을 잘 하니까 걱정하지 마세요. 두 사람이 집에 도착할 때쯤에는 저도 집에 돌아갈 수 있을 겁니다.

　남동생은 키가 크고 말랐습니다. 머리는 좀 길고 갈색으로 염색을 했습니다. 내일은 푸른 셔츠를 입고 간다고 했습니다. 저와 얼굴도 많이 닮았고 양 씨의 이름을 적은 종이를 들고 서 있기로 했으니까 금방 알아볼 겁니다.

　양 씨를 만나는 것은 3년 만이네요. 정말 기대됩니다. 저희 가족도 모두 기다리고 있습니다. 어머니는 양 씨가 무지 좋아하는 생선 초밥을 만들 거라며 벌써부터 활기가 넘치고 있습니다.

　그럼, 1일 저녁에 만납시다. 여름 감기 걸리지 않도록 건강에 신경쓰기 바랍니다.

7월 3일
야마나카 준코

04과

본문

후리가나, 가타가나, 히라가나에 관해서

　여러분이 지금 사용하고 있는 교과서에는 외우지 않아도 되는 한자에 후리가나가 달려 있습니다. 아사히 신문이나 마이니치 신문 등 일본의 큰 신문에서도 상용한자가 아닌 한자에는 후리가나가 달려 있습니다. 이 후리가나 습관은 옛날부터 있는 것입니다.

　이에 관해서 설명하자면, 옛날 한자가 일본에 들어 왔을 때 일본에는 글자가 없었습니다. 그래서 한자를 중국 발음과 똑같이 읽었습니다. 예를 들면 '山'이란 한자는 옛날 중국에서 '山'은 /san/, '雨'는 /jiu/라고 발음되었습니다. 일본인은 그것을 'サン', 'ウ'라고 읽었습니다. 이것이 지금의 음독이 된 것입니다. 그런데 일본에도 'ヤマ', 'アメ'라는 '山', '雨'에 해당되는 말이 있었기 때문에 '山', '雨'라는 한자에 'ヤマ', 'アメ'라는 발음을 나타내는 '也(や)末(ま)', '夜(や)麻(ま)', '阿(あ)米(め)', '安(あ)女(め)'라는 한자를 후리가나로 달았습니다. 즉 山(也末)、山(夜麻)、雨(阿米)、雨(安女)라고 후리가나를 달았던 것입니다. '也末', '夜麻', '阿米', '安女'같은 한자를 만요가나라고 합니다.

　이 만요가나에서 가타가나와 히라가나가 생겼습니다. 그러나 그 만들어진 방법은 좀 다릅니다. 가타가나는 절의 스님들이 쓰기 시작했습니다. 스님들은 중국에서 수입된 불교 책을 공부할 때 행간에 한자 읽는 방법이나 선생님의 설명을 썼습니다. 阿(あ), 伊(い), 宇(う)로 쓰기보다, 그 일부를 이용해서 ア、イ、ウ라고 쓰는 편이 편리하기 때문에 만요가나에 기초한 가타가나가 많이 사용되게 되었습니다. 히라가나 쪽은 주로 여성들이 사용하기 시작했습니다. 처음에는 만요가나를 초서로 한 소가나라는 가나가 사용되고 있었는데 나중에 이 소가나를 좀 더 간단하게 만든 히라가나가 사용되게 되었습니다. 가타가나는 주로 사전 등에서 한자의 발음과 의미를 쓰는 데 사용되고 히라가나는 주로 문학 세계에서 많이 사용되었습니다.

본문 내용 확인 문제

❶ 常用漢字でない漢字についています。
❷ いいえ、ありませんでした。
❸ お寺のお坊さんです。
❹ 主に女性達です。
❺ 辞書などで漢字の発音や意味を書くのに使われました。
❻ 文学の世界で多く使われました。

실력 뽐내기

① 　1. 急がなくても
　　2. 飲まなくても
　　3. 持ってこなくても
　　4. 驚かなくても
　　5. 使わなくても

② 　1. このりんごは少し傷がついているから安いわけだ。
　　2. このレストランは駅から遠いし、あまりきれいではないから、お客がいない

わけだ。
3. 最近円高だから、韓国を旅行する日本
人が増えているわけだ。

③ 1. 九州より北海道のほうが
2. バスで行くより電車で行ったほうが
3. 今日見た映画より先週見た映画のほう
が

④ 1. 法律　　　　2. 試験
3. 実験　　　　4. 体験
5. 証拠

⑤ 1. に質問された
2. にほめられました
3. に歌われています
4. 食べられています
5. に知られてします

대비하자! JLPT

나는 회사원이다. 매일 회사에 다니고 있다. 집에서 회사까지는 좀 멀어서 1시간 30분 정도 걸린다. 출근시간은 9시니까 7시 좀 넘어서는 집을 나와야 한다.

우선 역까지는 걸어 가서 다음에 그 역에서 전차를 타고 아홉 번 째 역에서 내린다. 그리고 거기에서 또 10분 정도 버스를 타야 한다. 그리고 은행 앞에서 버스를 내린다. 회사는 은행 바로 옆 7층 건물인 새 빌딩이다.

전차나 버스는 출근시간이기 때문에 늘 붐벼서 회사 다니는 일이 힘들긴 하지만, 회사 일은 재미있고 회사에 도착하고 나면 출근시간의 괴로움은 잊어버린다.

그러나 문제는 퇴근이다. 하루 종일 일해서 지쳐있는데다 1시간 30분 줄곧 서 있다가 집에 돌아가면 녹초가 된다. 저녁식사도 늦어져 늘 8시를 넘긴다. 가족과 함께 식사하지 못하는 일도 있다. 이럴 바에는 차라리 다른 회사로 옮길까 생각한 적도 있다. 하지만 아이가 클 때까지는 여기에 근무할 예정이다. 지금의 취직난에 출퇴근이 불편하다고 회사를 그만둘 수는 없기 때문이다.

대비하자! JLPT 정답

① (ア) 2　(イ) 1　(ウ) 4　(エ) 3

② 2

05과

본문

시부야 역 앞 파출소

하루 약 230만이 이용한다는 시부야 역. 그 시부야 역을 나오면 만남의 장소로서 유명한 하치공 광장 구석에 파출소가 있습니다. 시부야 역 앞 파출소입니다. 이 파출소에서는 하치공 광장 전체가 한 눈에 들어옵니다.

이 파출소에는 항상 길안내를 기다리는 사람들의 행렬이 생긴다고 합니다. 하루 평균 약 2천명, 큰 이벤트가 열릴 때는 약 3천명이나 되는 사람들이 길을 묻기 위해 파출소를 찾는다고 합니다.

파출소에는 자주 물어보는 장소를 정리한 작은 지도가 놓여 있고, 벽 전체에 지도와 열차 시각표, 노선도 등이 붙어 있기 때문에 직접 경찰관에게 묻지 않아도 보면 바로 아는 일도 있다고 합니다.

　파출소를 찾는 사람들 중에는 "가게 이름도 주소도 전화번호도 모릅니다만, ○○잡지에 실렸던 가게는 어디입니까?" 하고 물어오는 사람도 있는 모양입니다. 이래서는 경찰관도 안내하고 싶어도 찾을 방법이 없습니다. 인터넷이나 잡지 등에서 목적지의 명칭, 주소, 전화번호 등을 될 수 있는 한 조사하고 나서, 찾아 나서길 바랍니다.

　또한 이 파출소 앞에서 약속을 하는 사람도 많아졌습니다. 하치 공 동상 앞만큼 혼잡하지도 않고 하치 공 앞은 가끔 수상한 사람이 빤히 쳐다보는 일도 있지만 파출소 앞이라면 안심이기 때문이라고 합니다.

　그 외 소매치기, 들치기, 좀도둑, 치한, 싸움 등의 범죄도 많은 곳이므로 일본에서도 손꼽히는 '바쁜 파출소'로서 유명한 파출소입니다.

❶ 待ち合わせ場所として有名です。
❷ 道案内を待つためです。
❸ 交番にはよく聞かれる場所をまとめた小さな地図が置れており、壁一面に地図や時刻表、路線図などがはってあります。
❹ 店の名前も住所も電話番号もわからないからです。
❺ ハチ公の像の前ほど混まないし、ハチ公前だと、たまに怪しい人にじろじろ見られたりすることもあるけれども、交番の前だから安心できるからです。
❻ 1日平均約2,000人、大きなイベントが開かれるときなどは約3,000人もの人が道を尋ねるために交番を訪れるし、その他すり、置き引き、万引き、痴漢、けんかなどの犯罪も多い所だからです。

① 1. 代表
　 2. 観光スポット
　 3. 友達, 夫

② 1. 買うために
　 2. なるために
　 3. 健康のために
　 4. 田中さんのために
　 5. 子供たちのために

③ 1. 取りようがありません
　 2. 置きようがありません
　 3. 読みようがありません
　 4. 運転しようがありません

④ 1. 見てもらいたい
　 2. 呼んでもらいたい
　 3. 連れて行ってもらいたい
　 4. ほめてもらいたく
　 5. 取り替えてもらいたい

⑤ 1. 買うこと
　 2. 雪が降ること
　 3. 釣れないこと
　 4. 眠れないこと
　 5. 危ないこと

5월 8일 토요일

　내일은 어머니 날이다. 그래서 백화점에 카네이션과 선물을 사러 갔다.

　백화점에서는 어머니 날 세일을 하고 있어 어머니가 좋아할 만한 물건들이 잔뜩 늘어서 있었다. 해마다 있는 이벤트이기 때문에 고르는데 고

생했다. 양산, 앞치마, 스카프 등 웬만한 소품은 드렸기 때문에 많이 있어도 상관없는 옷을 사기로 했다. 핑크 꽃무늬 티셔츠다. 어머니는 늘 수수한 옷을 입는데 나이를 먹으면 먹을수록 화려한 옷을 입는 게 좋다고 하여 과감히 화려한 티셔츠를 골랐다. 어머니 맘에 들면 좋겠는데……

계산대에서는 어머니 날 용의 예쁜 포장지에 카드와 조화 카네이션도 서비스로 달아 주었다.

집에 돌아와서 카드에 '어머니 항상 감사합니다. 언제까지나 건강히 계셔 주세요'라고 메시지를 적어서 책상 위에 두었다.

보통은 부끄러워서 '고맙습니다'란 말도 좀처럼 못하기 때문에 어머니 날이 있어서 잘됐다 싶다. 내일 어머니는 어떤 표정을 지을까? 상상하는 것만으로도 어쩐지 가슴이 두근두근거린다.

대비하자! JLPT 정답

⑪ (ア) 4　(イ) 3　(ウ) 1　(エ) 4

⑫ 1

06과

본문

가정교육

며칠 전 아이와 함께 레스토랑에 갔을 때의 일입니다. 주문을 하고 싶었으므로 아이에게 웨이터를 부르게 했습니다. 그리고 어떻게 주문을 하는가 보고 있었습니다.

그러자 '여기요, 여기요'하면서 손짓을 해서 웨이터를 부르는 것입니다. 큰 소리로 불렀기 때문에 당황해서 그만두게 했습니다. 정말 깜짝 놀랐

습니다. 하지만 진정하고 생각해 보니 어쩔 수 없다고 생각했습니다. 사람을 어떻게 부르는가를 안 가르쳤기 때문입니다.

'안 가르쳤는데 부를 수 있을 리가 없지'하고 생각하여 내가 본을 보이기로 했습니다.

아이에게 일상생활 속에서 행실과 예의를 익히도록 하는 것을 '가정교육'이라고 합니다. 하지만 아이에게는 확실히 부모가 본보기를 보여 가르쳐야 합니다. 아이는 부모를 보고 자란다는 말을 새삼스레 느꼈습니다. 정말 반성했습니다. 앞으로는 아이의 본보기가 되도록 솔선해서 해 나가야 한다고 생각했습니다.

'아이는 부모의 거울'이라든지 '아이는 부모의 등을 보고 자란다'라는 말을 곧잘 듣습니다. 아이가 공부하기를 바란다면 우선 부모가 공부를 즐겨야 합니다. 또 아이가 운동하기를 바란다면 우선 부모가 운동을 즐겨야 합니다. 그리고 아이가 충실한 인생을 보내기 바란다면 우선 부모가 충실한 인생을 즐겨야 하는 건 아닐까요? 부모가 인생을 즐기는 모습을 본다면 아이는 분명 인생은 멋진 것이라고 학습할 것이 틀림없습니다.

본문 내용 확인 문제

❶ 注文をしようと思ったからです。(注文をしたかったからです。)

❷ 大きい声で「ねえねえ」と言いながら、手招きをしてウェイターと呼んだからです。

❸ 子供に日常生活の中で、行儀作法や礼儀作法を身につけさせることです。

❹ 子どもは、親を見て育つのだということです。

❺ 「子は親の鏡」、「子は親の背中を見て育つ」

❻ 親が人生を楽しんでいる姿を見せなけれ

ばなりません。

① 1. 先輩に無理にお酒を飲ませられました。
2. 学生は先生に毎日作文を書かせられました。
3. 帰りが遅くてお母さんは子供に心配させられました。

② 1. ○　2. ○　3. ×　4. ○　5. ×

③ 1. やめることに
2. 食べないことに
3. 手伝うことに

④ 1. どんなに忙しくても予習、復習はしなければならない
2. わからないことはそのままにしないで聞かなければならない
3. しなければならないことをしたあとであそびなさい
4. 試験の前に注意すべき点を言いますのでよく聞いてください

⑤ 1. 社会の地位とかお金とか
2. 映画を見に行くとか本を読むとか
3. ゆっくり話して
4. 楽しい旅行になって

최근 내가 살고 있는 아파트 옆에 편의점이 생겼다. 편의점에는 빵이랑 주먹밥, 과자 등 식료품에서 세제, 두루마리 휴지, 칫솔 등 잡화에 이르기까지 생활에 필요한 것은 거의 갖추고 있다.

게다가 연중무휴, 24시간 영업을 하기 때문에 언제라도 필요할 때 물건을 살 수 있다. 이 편의점이 생긴 덕분에 밤 늦게 귀가했을 때도 물건을 살 수 있게 되었다.

나처럼 혼자 사는 남자뿐만 아니라, 회사일로 귀가가 늦어진 여성도 포장 반찬이나 도시락을 산다. 이 편의점에서는 전기요금과 전화요금도 낼 수 있다. 게다가 복사기도 있고 팩스도 보낼 수 있기 때문에 너무 편리하다. 편의점이 생기고 나서 생활이 아주 편리해 진 것 같은 생각이 든다. 그러나 좋은 점만 있는 것은 아니다. 밤에 자동차나 오토바이로 물건을 사러 오는 사람들이 늘었기 때문에 시끄러워서 공부를 할 수 없게 되어 버렸다. 엔진을 끄지 않고 가게에 들어가거나 가게 주위에서 큰 소리로 떠드는 사람이 있기 때문이다. 또 과자나 아이스크림을 먹은 후 쓰레기를 아무데나 버리기 때문에 거리가 더러워졌다.

편의점을 이용하는 사람들은 주위에 피해가 가지 않도록 신경써주기 바란다.

1 (ア) 1　(イ) 2　(ウ) 3　(エ) 2

2 2

학생 아르바이트

한국에서는 아르바이트를 하고 있는 고등학생을 별로 볼 수 없지만, 일본에서는 고등학생이 되면 여름방학 한정이든 매일이든 그 내용에는 차이가 있지만 거의 대부분의 학생이 아르바이트를 경험한다. 그것은 아르바이트 따위 할 시간이 있으면 단어 한 개라도 더 외우라고 생각하는 한국의 부모와 아르바이트도 좋은 사회 경험이라고 생각하는 일본 부모의 사고방식의 차이 때문일 것이라고 생각한다. 어느 쪽이 맞다고 할 수는 없지만 어느 쪽에도 일장일단이 있다.

확실히 아르바이트를 하면 정신적으로도 육체적으로도 지치기 때문에 단단히 목표를 가지고 계획을 세우지 않으면 순식간에 육체의 노예가 되고 만다. 그렇다고 해서 오랜 시간 공부했다고 공부 능률이 오르는 것도 아니다.

인간의 뇌도 적절한 자극이 필요하기 때문에 운동인 셈치고 일을 하면 적절한 기분전환도 되고 또 공부할 시간이 정해져 있기 때문에 집중력도 높아진다. 그리고 뭐니뭐니 해도 자기가 마음대로 쓸 수 있는 돈이 늘어나는 것이 가장 기쁜 일일 것이다. 그러나 그것도 도를 넘으면 공부가 손에 잡히지 않게 되고 만다. 그렇게 되면 학생인 의미가 없어지고 마는 것이다.

어느 쪽이든 자신이 무엇을 목표로 하고 무엇을 해 나가야 하는가를 확실히 이해하고 그것을 실행할 수 있는 강한 의지가 필요하다고 생각한다.

본문 내용 확인 문제

❶ 日本です。

❷ アルバイトなんかする暇があれば、単語の１つでも覚えろと思っています。

❸ バイトもいい社会経験だと思っています。

❹ 人間の脳も適度な刺激が必要なので、運動だと思って仕事をすると、適度な息抜きにもなるし、また勉強する時間が限られているので、集中力もアップし、また、自分の好きにできるお金が増える点。

❺ 精神的にも肉体的にも疲れるので、しっかり目標を持って計画を立てないと、勉強が手につかなくなってしまう点。

❻ 自分が何を目標にして、何をしていかないといけないのかを、はっきりと理解して、それを実行できる強い意志が必要だと言っている。

실력 뽐내기

① 1. いつかは死んでしまう
   2. 店は客でいっぱいだった
   3. 元気であればそれでいい
   4. とても上手に料理できる
   5. 会社の規則を変えることはできない

② 1. さぼってなんかいません
   2. ついてなんかいません
   3. 勉強なんか

③ 1. 読んでしまい
   2. やってしまい
   3. けがをしてしまい

④ 1. 日本人だからといって
   2. 父親がサッカー選手だったからといって
   3. 高い化粧品だからといって

⑤ 1. おいしい
   2. 家にいる
   3. 就職できない
   4. 成績があがらない
   5. 離婚する
   6. 手に入る

　'오뎅'은 일본의 대표적인 요리이지만 어디나 같은 맛이냐 하면 그렇지는 않다. 관서지방에서 자란 사람이 관동지방의 오뎅을 보고 그 색에 놀라 "이 오뎅 비슷한 요리는 무엇입니까?"라고 물었다고 한다. 색이 너무 짙어서 다른 요리인줄 알았던 것이다.

　관동의 오뎅은 색이 짙은 간장과 설탕을 기본으로 해서 맛을 낸다. 관동의 간장은 복잡한 맛을 가지고 있어 우려낸 국물을 많이 사용하지 않아도 충분히 맛있는 오뎅을 만들 수 있다. 그에 비해 관서의 오뎅은 색이 옅은 간장과 맛술을 기본으로 해서 맛을 내고 우려낸 국물을 듬뿍 넣는다.

　이렇게 같은 오뎅이라도 장소에 따라 상당히 다른 음식이 되고 만다. 그런데 관동의 요리는 맛이 짙기 때문에 관서의 요리에 비해 염분이 많은 듯 보이지만 사실은 그다지 차이는 없다. 관동의 요리도 관서의 요리도 서양 요리에 비하면 훨씬 짜다. 양쪽 모두 건강을 생각한다면 너무 많이 먹지 않도록 신경을 쓸 필요가 있다.

① (ア) 2 　(イ) 3 　(ウ) 3 　(エ) 1

② 4

08과

노구치 히데요의 어머니

　노구치 히데요는 매독이나 황열병의 원인이 되는 병원체 연구로 세계적으로 유명해진 세균학자로, 또한 연구하고 있던 황열병으로 사망한 것으로도 유명합니다. 헤이세이 16년 11월에는 신권 천 엔의 얼굴이 되기도 한 위인이지만, 출생은 후쿠시마현의 가난한 농가였습니다.

　"어떤 일이 있어도 너만큼은 평생 안락하게 부양해 내겠다. 설령 이 어미가 먹을 것을 못 먹더라도" 이것은 노구치 히데요의 어머니의 말씀입니다.

　노구치 히데요는 한 살 반 때 어머니가 잠시 눈을 뗀 사이에 왼손에 큰 화상을 입고 말았습니다. 히데요의 집은 가난한 농가였기 때문에 병원에 갈 돈도 없었습니다. 2주일 동안 어머니가 잠도 자지 않고 간병했지만 왼손의 손가락이 유착되어 주먹처럼 되고 말았습니다. 그 때 어머니가 맹세한 것이 위의 말입니다.

　손이 불편한 아들에게는 농사는 무리라고 생각하여 학문으로 생계를 세워야 한다고 생각한 히데요의 어머니는 학비를 벌기 위해 열심히 일했습니다.

　농사일을 마치면 호수에 나가 작은 새우나 잡어를 삽았습니다. 그리고 그것을 이른 아침부터 10킬로미터 떨어진 마을에 팔러 갔습니다. 게다가 20킬로그램의 짐을 지고 산길을 운반하는 일을 하기도 했습니다. 임금이 다른 일의 2배였기 때문입니다. 이런 일을 10년 동안이나 계속해서 히데요를 졸업시켰다고 합니다.

　세계적으로 유명한 노구치 히데요는 본인의 노력과 재능만으로 탄생한 것은 아닙니다. "나의 영광도 용기도 어머니의 사랑에 의한 것입니다." 라고 히데요 자신이 말했듯이 노구치 히데요의 성공 뒤에는 위대한 어머니의 사랑이 있었습니다.

❶ 梅毒や黄熱病の原因となる病原体の研究、また研究をしていた黄熱病で亡くな

った事で有名になりました。

❷一歳半のときです。

❸英世の家は貧しい農家だったので、病院に行くお金がなかったからです。

❹「どんなことがあっても、おまえだけは一生安楽に養い通す。たとえこの母が食べるものを食べなくても」と誓いました。

❺農作業を終えると、湖に出かけて小エビや雑魚を取りました。そしてそれを早朝から10キロ離れた村に売りに行きます。その上、二十キロの荷物を背負って山道を運ぶ仕事をしたりもしました。

❻偉大な母の愛です。

실력 뽐내기

①　1. たとえ雨が降っても
　　2. たとえうそをついているとしても
　　3. たとえお金がなくても
　　4. たとえ一生かかっても
　　5. たとえ泣いて謝っても

②　1. 野菜が嫌いでも食べたほうがいいです
　　2. 約束の時間になっても田中さんは来ませんでした
　　3. 薬を買って飲んでも熱はさがりませんでした
　　4. これから行っても間に合わないでしょう
　　5. 急がなくても間に合いますよ

③　1. チョコレート　　2. きのう
　　3. 子供　　　　　　4. 毎日
　　5. 家族

④　1. そのうえ友達と旅行に行ってしまいま
した

2. おまけにサービスもいいので人気があります

3. しかもおいしい食べ物がたくさんあります

4. さらに怪我をして入院してしまいました

5. さらに作曲の才能もあります

대비하자! JLPT

　음악이라는 것은 정말 재미있는 것이다. 어떤 음악을 들으면 즐거운 기분이 되고, 또 어떤 음악을 들으면 슬픈 기분이 되기도 한다. 또한 잊고 있던 일도 음악을 듣고 있는 동안 생각나는 일도 있다. 그런 음악에 대해서 좀 생각해 보려고 한다.

　음악은 음과 음의 연결과 조화 등에 의해 만들어진다. 베토벤이나 바흐 등 누구나가 알고 있는 유명한 음악가는 그 음의 연결과 조화의 조합을 만드는데 매우 뛰어난 재능을 가지고 있었다고 말할 수 있을 것이다. 자신의 마음 속에 있는 생각을 소리로서 표현한다. 때로는 격렬하게, 때로는 부드럽게, 또 때로는 정열적으로…… 그리고 그 세계에 빠져 든다. 그런 음악에 매료되어 버리면 이제 음악 없이는 살 수 없게 된다고 한다.

　음악은 클래식뿐만 아니라 재즈, 밴드 등은 물론 아이가 부르는 동요, 아버지들이 술 한잔 걸치면서 부르는 콧노래나 어머니들의 자장가도 훌륭한 음악이고, 관점을 바꾸면 파도 소리, 냇물 흐르는 소리, 자동차 소음이나 시장에서 소리치는 아저씨의 목소리도 모두 음악이라고 할 수 있을지도 모른다. 그렇게 되면 우리들은 늘 음악과 함께 살고 있다고 해도 과언이 아니다.

① (ア) 2　(イ) 3　(ウ) 4

② 2

③ 3

09과

본문

스미스 씨의 편지

브라운 씨에게

잘 지내십니까? 일본에 와서 벌써 3개월이 지났습니다. 정말 빠릅니다. 지금 저는 나카무라 씨라는 사람의 집에서 홈스테이를 하면서 대학에서 일본어를 공부하고 있습니다. 나카무라 씨의 집은 아버지, 어머니, 아들 세 명 가족입니다. 모두 영어를 조금 알기 때문에 처음에는 영어를 사용했지만 지금은 대체로 일본어만으로 이야기하고 있습니다.

아들인 하지메 군은 대학 2학년생으로 주 3일 가정교사 아르바이트를 하고 있습니다. 아르바이트를 하면서 공부하는 것은 힘들 것이라 생각했지만, 일본 대학은 미국 대학보다 숙제가 훨씬 적기 때문에 괜찮다고 하지메 군이 말했습니다. 일본 대학생은 미국 대학생만큼 열심히 공부하지 않습니다. 주말뿐 아니라, 평일에도 곧잘 술을 마시거나 콘서트에 가거나 하며 놉니다. 하지메 군의 이야기로는 일본인은 대학 수험 때문에 열심히 공부하고, 회사에 들어가면 열심히 일하기 때문에 대학 4년 동안은 잘 논다고 합니다. 미국과 매우 다르지요?

이번 여름 방학에 저희 부모님께서 일본에 놀러 오실지도 모릅니다. 부모님을 여러 곳에 모시고 가려고 생각하고 있습니다. 브라운 씨는 여름방학에 무엇을 할 계획입니까? 예정을 가르쳐 주십시오.

이제부터 더워집니다만, 건강에 주의해 주십시오.

4월 28일

스코트 스미스

본문 내용 확인 문제

❶ スコットスミスさんからブラウンさんへの手紙です。

❷ ホームステイをしている中村さんの家族は皆英語が少し分かるからです。

❸ 日家庭教師のアルバイトをしています。

❹ 日本人は大学受験のために一生懸命勉強するし、会社に入ったら入ったで一生懸命仕事をするので、大学の4年間はよく遊ぶからです。

❺ 日本は初めてなのでいろいろなところへ連れていってあげようと思っています。

❻ いいえ、知りません。

실력 뽐내기

① 　1. 九州は北海道ほど広くありません
　　2. 月曜日は火曜日ほど暇ではありません
　　3. 山田さんは田中さんほど太っていません

② 　1. アナウンサーの発音はとてもきれいだし、わかりやすいです
　　2. 雨も降ってきたし、今日の練習はこれで終わりにしましょう
　　3. 娘はご飯も食べないし、熱もあったので学校をを休ませました

③　1. 話します　　　2. 売っています
　　3. 休みましょう　　4. 買いました
　　5. 来ませんでした

④　1. 田中さんがさっき財布をさがしていた
　　　のでこの財布は田中さんのかもしれま
　　　せん
　　2. 北海道は夏でも朝冷えるので長袖を持
　　　っていったほうがいいかもしれません
　　3. 私は将来歌手になりたいんですが、両
　　　親が反対するかもしれません
　　4. 外国に娘を一人で送るのは心配かもし
　　　れません
　　5. 今日は運動会だったのでとても疲れた
　　　かもしれません

(5)　1. 勉強しよう　　　2. なろう
　　3. 建てよう　　　　4. 行こう
　　5. 休もう

　오늘은 정말 운이 없는 날이었다. 아침 6시에 일어나려고 어젯밤 자명종 시계를 맞춰 놨는데 잘못해서 7시에 맞춰 두었던 것이다. 아침부터 대소동. 7시 15분에는 집을 나가야 하는데 눈을 뜬 것이 7시. 어떻게 15분 만에 준비를 해야 좋을지. 서둘러 세수를 하고 화장도 못하고 집을 나섰다. 역까지 있는 힘을 다해 달려, 어떻게든 전차 시간에는 늦지 않았다. 그러나 뭔가 잊어버리고 온 듯한 느낌이 든다. 가방을 보니 역시 핸드폰을 두고 오고 말았다. 지금 집에 돌아갈 수도 없으니까 포기하기로 했다.

　회사까지 전차로 1시간 걸린다. 전차 안에는 사람이 많아서 앉을 수도 없다. 하지만 늘 그러니까 익숙해져 있다. 그러나 오늘은 전차가 흔들리는 바람에 앞에 서 있던 여자에게 발을 밟히고 말았다. 무심코 '아야!'라고 소리가 나올 만큼 아팠다. 그 여자가 끝이 뾰족한 하이힐을 신고 있었던 것이다. 전차에서 내려 밟힌 곳을 보니 피가 조금 나 있었다. 제 시간에 역에 도착했기 때문에 여유도 있고 해서, 약국에서 약을 사기로 했다.

　그런데 돈을 내려고 하니, 지갑이 없다. 아까 전차에 탈 때에는 확실히 있었는데. 전차 안에서 소매치기 당한 게 틀림없다. 경찰에 신고했는데 지갑을 찾을 수 있을지 어떨지는 모른다고 한다.

　경찰서에 갔었기 때문에 시간도 꽤 걸려 버렸는데, 핸드폰이 없기 때문에 회사에 연락도 못했다. 결국 회사에도 지각. 부장님에게 혼나고, 야근까지 하지 않으면 안 되게 되었다. 동료에게 돈을 빌려 어떻게 집에 돌아왔다. 기분은 최악. 정말 고된 하루였다.

① (ア) 3　　(イ) 1　　(ウ) 2　　(エ) 4

② 3

10과

본문

음식

　봄은 죽순, 완두콩, 약간 쓴쓰레한 봄 야채. 여름은 토마토에 오이, 단 수박. 가을은 햅쌀, 살이 오른 꽁치, 고구마. 겨울은 배추, 무, 대구 등 그 계절마다에 가장 맛있는 음식이 있습니다. 그것을 순이라고 합니다만, 그 시기가 되면 시장이나 슈퍼의 매장에 많이 나와서 맛있고 싸고, 게다가 영양가가 높습니다.

또한, 옛날부터 전해지고 있는 음식의 조합. 이것에는 약간의 마법이 걸려 있습니다. 예를 들면 꽁치와 무즙은 생선의 탄 것을 무가 무독으로 해 주거나 맥주와 에다마메는 에다마메가 간장을 보호해 주거나 합니다. 돈가스에 양배추, 죽순에 미역, 시금치에 참깨 등도 좋은 조합의 하나입니다. 반대로 튀김에 수박, 뱀장어에 우메보시 등은 함께 먹으면 좋지 않다고 말해지고 있습니다. 음식도 인간처럼 개성이 있고 궁합이 있어서 재미있네요.

그리고 완성된 요리를 보면 적, 녹, 황색과 매우 선명함 위에, 둥긂, 삼각, 사각 등 여러 가지 형태로 잘린 식재. 그것을 한층 더 북돋우는 그릇. 입에 넣으면 여러 가지 맛이 입 속에 퍼집니다. 이러한 것으로부터 '요리는 먹을 수 있는 예술이다.'라고 하는 사람도 있을 정도입니다.

또한 음식은 '먹는 약'이라고 말해지듯이 우리의 몸을 건강하게도 해주고 우리의 오감을 통해서 계절을 느끼게 해 먹는 기쁨과 행복을 줍니다. 그렇기 때문에 음식은 매우 훌륭한 선물이라고 생각합니다.

❶ 季節ごとに一番おいしい食べ物を旬といいます。

❷ 魚の焦げを大根が無毒にしてくれるからです。

❸ ビールと枝豆、豚カツにキャベツ、竹の子にわかめ、ほうれん草にごまなどです。

❹ 天ぷらにすいか、ウナギに梅干しなどです。

❺ 出来上がった料理を見ると、赤、緑、黄

色ととても色鮮やかな上に、、丸、三角、四角などいろんな形に切られた食材。それをさらに引き立てる器。そして口に入れると、いろいろな味が口のなかに広がるからです。

❻ 私たちの体を健康にもしてくれるし、私たちの五感を通して季節を感じさせ、食べる喜びと幸せを与えてくれるからです。

① 　1. 妹の花子　　　　2. コーヒー
　　3. 魚　　　　　　　4. けしゴム
　　5. お茶

② 　1. 20分ごとに
　　2. 人ごとに
　　3. 30分ごとに

③ 　1. 最近は子供の数が少なくなっていることから、学校の数も減りつつあります
　　2. このあたりは大学生がたくさん下宿していることから、本屋も多いです
　　3. 彼は何でも知っていることから、「生き字引」と呼ばれています
　　4. 彼女は誰にでも親切なことから、みんなに慕われています
　　5. 女の子のほうが育てやすいことから、「一姫二太郎」と最初に女、次に男を産むのが望ましいと言われます

④ 　1. 交流を通して
　　2. 友人を通して
　　3. 実験を通して
　　4. 体験を通した
　　5. 受付を通して

대비하자! JLPT

말이라고 하는 것은 희한한 것입니다. 단 한마디의 말로, 사람을 기쁘게 하거나 슬프게 합니다. 즉, 사용방법에 따라 최고의 선물이 되기도 하고 무서운 흉기가 되기도 합니다. 말에는 보이지 않는 힘이 들어있다는 말처럼 눈에 보이지는 않지만 말 속에는 혼, 즉 마음이 들어 있기 때문입니다. 아무렇지 않게 내뱉은 말 한마디로 돌이킬 수 없는 큰 사건이 되기도 하고, 또 반대로 대성공의 열쇠가 되는 일도 있겠지요.

어떤 책에 재미있는 내용이 있었습니다. 같은 물을 같은 두 개의 비커에 넣고, 하나의 비커에는 '고마워' 등의 좋은 말을, 다른 하나의 비커에는 '죽어' 등의 나쁜 말의 종이를 붙여 며칠 후에 그 물의 결정을 현미경으로 봐 보았습니다. 그랬더니 좋은 말을 붙인 물은 정말로 예쁜 결정이었던 반면, 나쁜 말을 붙인 물은 형태가 무너진 이상한 결정이었다 합니다. 인간의 몸은 약 70%정도는 수분으로 되어 있으므로 좋은 말을 듣고 자란 사람과 나쁜 부정적인 말을 듣고 자란 사람에서도 같은 결과가 나타나는 것은 아닐까 생각됩니다.

상대든 자기 자신이든 말 한 마디로 행복해지기도 하고 불행해지기도 합니다. 말에 의해 그 사람의 인생이 정해진다고 해도 과언이 아닐 것입니다. 그러므로 말을 할 때는 잘 생각해서 말하는 것이 중요하다고 생각합니다.

대비하자! JLPT 정답

① (ア) 2　(イ) 1　(ウ) 4　(エ) 3

② 3

11과

본문

경어

신입사원이 되어 가장 어려운 것은 존댓말이다. 평소 쓰는데 익숙하지 않은 탓인지 정확하게 말하지 못하는 사람이 의외로 많다. 옛날에는 선생님과 웃어른께는 존댓말을 쓰는 것이 당연한 일이었는데 요즘 초·중학생은 선생님께도 친구들한테 쓰는 것 같은 예사말을 쓰는 경우도 적지 않는 모양이다. 그 속에서 자란 세대들에게 있어서 존댓말만큼 어려운 것은 없을 것이다.

존댓말이라 해도 일반적으로 'です, ます'를 붙이는 정도라면 아무나 할 수 있지만 회사에 취직하면 '後で電話します'가 아니라 '後ほど、ご連絡いたします'같은 좀 더 높은 레벨의 존댓말이 요구된다. 확실히 전자가 틀린 것은 아니지만, 겸허함이 결여되어 품위가 없다. 때문에 대기업일수록 이 존댓말 교육에 중점을 두고 있는 것인지도 모른다.

확실히 일본어의 존댓말은 복잡하다. 존경어, 겸양어의 사용 구분이 꽤 어렵다. 간단히 말하면 상대를 높이는가 자신을 낮추는가의 차이인데 실제로 능숙하게 사용하는 것은 어렵다. 더욱이 'お飲みになる', '飲まれる', '召し上がる'등 존댓말 안에서도 몇 종류인가로 나뉜다.

일본인도 어려운데 일본어를 공부하는 외국인에게 있어서는 상당한 난관이다. 그러나 거꾸로 생각한다면 이 존댓말을 마스터하기만 한다면 꽤 레벨이 높은 사람이라고 인식될 것임에 틀림없다.

본문 내용 확인 문제

❶ 敬語です。

❷ 友だちのようなタメ口を使う子が多いで

す。

❸ 「後で電話します」ではなく「後ほど、ご連絡致します」のようなもっと上のレベルの敬語が要求されます。

❹ 普通に「です」、「ます」をつけることです。

❺ 謙虚さに欠けて、上品さがなくなるからです。

❻ 相手を高くして尊敬するのか、自分を低くして相手を尊敬するのかの違いです。

① 1. 風邪薬を飲んだせいか、仕事中に眠くなりました
　 2. 漢字の問題が難しかったせいか、テストの平均点が下がってしまいました
　 3. 濃いコーヒーを飲んだせいか、なかなか寝られませんでした
　 4. 運動不足のせいか、階段をのぼるのがつらいです
　 5. 交通が不便なせいか、町の人口が減ってきました

② 1. 留守のようです
　 2. 最近ちょっと太ったようです
　 3. 熱があるようなので
　 4. 事故があったようです
　 5. 今日は休みのようです

③ 1. 田中さんは家が近いのに、よく遅刻をします
　 2. 一生懸命勉強したので、試験に合格しました
　 3. 山中さんは風邪で熱があるので、今日は欠席です。
　 4. 梅雨なのに、雨が全然降りません

　 5. きのう１０時間も寝たのに、まだ眠いです

④ 1. あなたにとっては
　 2. 彼女ほど
　 3. 勉強すればするほど
　 4. さえあれば
　 5. 背が高いに違いない

돈만 있으면 무엇이든 손에 넣을 수 있게 된 현재. 그러나 아무리 돈을 들여도 살 수 없는 것이 건강이다. 고도성장에 의해 편리하고 쾌적한 생활을 보낼 수 있게 되었지만, 반대로 건강을 해치는 일도 많아지고 있다. 그 전형적인 것이 '생활습관 병'이다.

'생활습관 병'이라는 것은 말 그대로 매일의 식사, 술, 담배 등의 기호품, 생활환경 등 일상생활의 축적에서 시작되어 나이를 먹어감에 따라 진행되는 병으로 3대 사인인 암, 심장병, 뇌졸중을 비롯해 당뇨병, 고혈압, 신장병, 비만에서 나아가서는 골다공증 인지증까지도 포함된다.

예전에는 '성인병'이라고 불리며, 연령에 따라 발생하는 병이라고 생각되었는데 최근에는 아이들한테서도 발병하는 점에서 후생성(현재의 후생노동성)은 1997년 '생활습관 병'이라고 개칭했다.

'성인병'은 나이가 들면 자연히 생기는 병이라는 이미지가 있지만, '생활습관 병'이라고 명칭을 바꾸는 것에 의해 병의 원인을 만들지 않도록 평소 생활 습관을 재검토해 예방·개선해 나가야 한다는 계몽의 의미도 포함되어 있다고 한다.

'생활습관 병'은 40세 전후부터 늘어나기 시작해 한창 일할 나이의 성인에게 만연하고, 더욱이 인구의 고령화로 환자수가 급증해, 앞으로도 점점 늘어날 것으로 예상되고 있다. 매일 식생활의

관리와 적절한 운동이 가장 좋은 예방약이라고 말할 수 있을 것이다.

대비하자! JLPT 정답

1 (ア) 4 (イ) 2 (ウ) 1 (エ) 2

2 3

12과

본문

'NO'라고 말할 수 없는 일본인

'NO라고 말할 수 없는 일본인'이라는 말이 있듯이 일본인은 다른 나라에서 보면 자신의 의사를 분명히 말하지 않는다고 평가되는 일이 많습니다만 그것은 도대체 어째서일까요.

'미안합니다'라고 하는 말이 쓸데없이 많고 분명한 의견을 가지고 있었다고 해도 말하지 않거나 싫어도 싫다고는 분명히 말할 수 없어서, 에둘러서 변명 같은 말만을 말해 버리는 일이 많습니다. 이것으로는 참된 의사나 기분을 모르기 때문에 다른 나라 사람은 조금 답답해서 견딜 수 없다고 합니다.

이것은 일본은 섬나라라고 하는 것과 에도시대 이후는 평화롭고 비교적 풍족한 생활을 하고 있었으므로 느긋한 성격의 사람이 많고, 싸워 차지한다고 하는 것보다 깊이 생각해서 주위와 싸우지 않는 편이 평화롭게 살 수 있다고 생각해 상대방에 대한 배려를 중시해 왔기 때문이라고 말해지고 있습니다. 또한 '모난 돌이 정 맞는다'라는 생각이 뿌리 내리고 있어 사람보다 눈에 띈 발언이나 행동을 하는 것은 그다지 좋지 않다라고 하는 이미지가 강하기 때문입니다. 그래서 다른 나

라보다 협조성도 강하고 집단의식이 높은 것 같습니다. 그렇기 때문에 전후의 고도경제성장기에는 다른 나라에는 없는 독특한 기업 시스템으로 놀랄 만한 발전을 이루었을지도 모릅니다.

이러한 성격에는 일장일단이 있습니다만, 글로벌 사회 속에서 살아남기 위해서는 좀 더 적극적으로 자신의 의견을 말할 수 없으면 진정한 의미로의 동참은 어렵지 않을까라고 나는 생각합니다.

본문 내용 확인 문제

❶ 自分の意思をはっきりと言わないと評価されることが多いです。

❷ 日本は島国ということと、江戸時代以降は平和で、比較的豊かな生活をしていたので、ゆったりした性格の人が多く、戦って勝ち取るというより、良く考え、周囲と争わないほうが平和に暮らせると考え、相手への配慮を重視してきたためです。

❸ 本当の意思や気持ちが分からないからです。

❹ 相手への配慮を重視してきました。

❺ 出る杭は打たれる

❻ 否定的です。

실력 뽐내기

① 　1. まだまだ子供です

　　2. 彼が先生になるとは思えなかった

　　3. おかしな考え方だと思われるかもしれません

　　4. 大人は何をやっているんだと思うでしょう

　　5. すばらしい父親、夫でした

② 1. なりがち
2. 病気がち
3. ありがち
4. 曇りがち
5. 食べ過ぎてしまいがちな

③ 1. お年寄りには席を譲るべきだ
2. 環境問題について各国がよく話し合う
べきだ
3. 試験の前に気をつけるべきことを言い
ますから、よく聞いてください
4. 学生時代にもっと勉強するべきだった
5. 家族と一緒に行けばよかったくべきだ
った

④ 1. 努力したからこそ
2. 思っているからこそ
3. あったからこそ

가노 지고로(1860-1938)

'적을 쓰러뜨려 이기는 것만이 목적이 아니다. 기술을 연마하면서 인간의 마음과 몸을 단련하는 것이 유도다.'

이렇게 믿고 강도관 유도를 일으킨 가노 지고로는 효고현에서 태어나 11살 때 도쿄로 상경하여 영어와 한학을 배우고, 이윽고 도쿄대학에 진학해 정치, 철학, 경제학을 공부했습니다. 또 대학에 들어가기 전부터 유술을 배우고 있었습니다. 약간 키가 작은데다가 몸이 약했던 지고로는 남한테 지지 않을 강한 마음과 다부진 몸을 갖고 싶었던 것입니다.

그 후 대학을 졸업하고 교사가 되었습니다. 하지만 유술을 향한 정열은 계속 불타올라 도장을 열었습니다. 이것이 강도관의 시작입니다. 유술

을 유도라고 바꾼 강도관에는 사람들이 잔뜩 모였습니다. 그리고 유도를 깔보고 있던 경시청 유술 팀과의 시합에 2번이나 승리, 강도관 유도의 이름이 일본열도 전체에 널리 퍼졌습니다.

교육자로서도 뛰어났던 지고로는 33세 때에는 도쿄 고등사범 학교(지금의 쓰쿠바 대학)의 교장이 되어 그로부터 26여 년 동안 교사로서 사회에 나가는 젊은이들의 교육에 힘을 쏟았습니다. 체격도 인격도 훌륭한 일본인을 키우는 것이 지고로 평생의 소원이었습니다.

1909년 일본인으로서 처음 국제 올림픽 위원이 되고, 1912년에 스톡홀름에서 열린 제 5회 대회에 일본이 처음 참가를 한 것입니다. 지고로는 이렇게 일본인이 스포츠를 통해서 세계 사람들과 손을 잡는 일에도 노력을 계속했습니다. 그러나 1938년에 이집트 카이로에서 열렸던 올림픽 위원회로부터 돌아가는 도중 타계하고 말았습니다.

유도는 1964년 도쿄대회부터 올림픽 정식 종목이 되었습니다. 지고로가 강도관을 일으키고 82년 후의 일이었습니다.

① (ア) 2　(イ) 4　(ウ) 3　(エ) 1

② 2

E-BOOK CD 실행 가이드

1 E-BOOK CD가 자동 실행된 경우

① 학습하고자 하는 과의 보기 버튼을 클릭합니다.

② 예를 들어 1과를 학습하고자 하는 경우 '**1과 보기**' 버튼을 클릭합니다.

③ Espresso Reader 설치가 시작되고, '**동의하고 설치함**' 버튼을 클릭한 후 '**설치 시작**' 버튼을 누르면 설치가 진행됩니다.

④ Espresso Reader 설치가 **완료**되면 바로 **E-BOOK**이 열립니다.

2 E-BOOK CD가 자동 실행되지 않는 경우

본 CD는 자동으로 실행되도록 설계되었습니다. 그러나 컴퓨터에 따라 CD 드라이브 자동실행이 제한된 경우가 있으며, 이러한 경우에는 수동으로 실행해야 합니다.

▸▸ Active X 컨트롤을 제한하여서는 E-BOOK이 실행되지 않습니다.

▸▸ E-BOOK을 실행하기 전에 CD 안에 들어있는 Dps Agent.exe 파일을 실행하여 주십시오. 이 프로그램은 정품 CD를 확인하는 프로그램으로, 실행이 되면 작업 표시줄에 Dps Agent 아이콘이 생깁니다.

① **Dps Agent.exe 파일을 실행**시켜 작업표시줄에 아이콘인 생성된 것을 확인합니다.

② 윈도우 탐색기를 열어 '**내 컴퓨터**'를 선택합니다.

③ '**속독속해 일본어 초급 UP**' CD 드라이브를 찾아 더블 클릭하거나, 마우스 오른쪽 버튼을 눌러 '**열기**'를 선택합니다.

④ 학습하고자 하는 과의 보기 버튼을 클릭합니다.

⑤ Espresso Reader 설치가 시작되고 '**동의하고 설치함**' 버튼을 클릭한 후, '**설치 시작**' 버튼을 누리면 설치가 진행됩니다.

⑥ Espresso Reader 설치가 **완료**되면 바로 **E-BOOK**이 열립니다.